PLÁTICAS LITERARIAS

Gaziel

PLÁTICAS LITERARIAS

Edición e introducción de

Francisco Fuster

CUADERNOS DE OBRA FUNDAMENTAL

CUADERNOS DE OBRA FUNDAMENTAL

Responsable literario: Francisco Javier Expósito Lorenzo
Diseño: Armero Ediciones
Corrección de la edición: Jaime Garcimartín Garcimartín
Impresión: Gráficas Jomagar, S. L.

ISBN: 978-84-17264-45-1
Depósito Legal: M-3681-2024

ÍNDICE

Francisco Fuster

Gaziel

PLÁTICAS LITERARIAS

LITERATURA UNIVERSAL

LITERATURA HISPÁNICA

LITERATURA CATALANA

PLÁTICAS ARTÍSTICAS

Francisco Fuster

EL CRÍTICO COMO HUMANISTA

> Decimos *crítico* refiriéndonos a un hombre que, dotado de la precisa cultura literaria, tenga a la vez una idea central, un *sistema* en virtud del cual, contrayéndolo todo a esta visión suya de la producción estética, explique lógicamente las obras, haga vivir todo un período literario, convierta, en fin, en un todo orgánico, vivo, lógico, lo que, sin esa idea central, sin ese sistema, serían fragmentos dispersos, acarreos más o menos útiles, acopios de materiales más o menos preciosos.
>
> AZORÍN[1]

Agustí Calvet i Pascual nace el 7 de octubre de 1887 en la localidad gerundense de Sant Feliu de Guíxols, hijo —segundo de los tres que tuvieron— de un acomodado matrimonio burgués, enriquecido con el comercio del corcho, que, seis años después, decide trasladarse a Barcelona y subsistir de las rentas, llevando una vida ociosa. Tras recibir una educación severa y disciplinada en un internado de los jesuitas, en 1903 inicia los estudios de Derecho en la universidad de la ciudad condal, y no por su expreso deseo, sino por imposición paterna. Ante su manifiesta incapacidad para las leyes, cambia de carrera y acaba licenciándose en Filosofía y Letras en 1908. Tres años después, se doctora en Filosofía con una tesis sobre el escritor mallorquín fray Anselm Turmeda.

Pese a no ser un mal estudiante, la universidad española de principios de siglo, con sus catedráticos y sus lecciones «magistrales», no le motiva lo más

[1] «La crítica literaria», *ABC*, 20-VII-1912.

mínimo, por lo que se dedica durante estos años de formación superior a alimentar una temprana e irreprimible vocación literaria. Asiste a las principales tertulias, frecuenta los más conocidos cafés y da forma a sus primeros textos: tentativas de poemas, relatos que coloca en publicaciones menores y hasta una novela titulada *Sentiment* (luego repudiada como un «pecado de juventud»), por la que, en 1905, recibe un premio en un concurso organizado por la revista *L'Avenç*.

En 1910 tiene su primer contacto con el mundo de la prensa, al incorporarse como redactor político a *La Veu de Catalunya*, el periódico conservador, órgano de la Lliga Regionalista, que dirige el ideólogo del catalanismo Enric Prat de la Riba. Como el papel de analista de la actualidad tampoco le satisface, un año después entra a trabajar en el Institut d'Estudis Catalans (IEC), la institución cultural fundada en 1907 por el propio Prat de la Riba como el organismo encargado de fomentar la investigación en torno a la historia, la filología y la ciencia catalanas. Allí encuentra un trato culto y erudito, más acorde al de sus inquietudes, por lo que permanece y ejerce como secretario redactor de su sección histórico-arqueológica entre 1911 y 1914.

En otoño de 1911 viaja a Madrid para presentarse a una oposición a catedrático de Historia de la Filosofía, pero fracasa en el intento. Aunque en el IEC está a gusto, la estructura jerárquica de la casa le impide ascender, por lo que, en la primavera de 1914, decide marcharse a París, con vistas a prepararse para unas nuevas oposiciones. Instalado en una pensión balzaquiana de la ciudad de la luz, recibe la noticia del estallido de la Primera Guerra Mundial y la consiguiente movilización del Ejército francés. En contra de lo que le dictaba la prudencia, opta por quedarse allí, hasta que la cercanía de los alemanes le obliga a volver a Barcelona.

De regreso a casa, protagoniza el episodio que marca un antes y un después en su vida. Sabedor de que acaba de llegar de París, uno de los directores del diario *La Vanguardia*, Miquel dels Sants Oliver, le cita para entrevistarse con él. A la pregunta de si ha escrito algo sobre las «cosas vistas» durante esas primeras semanas de ambiente prebélico, le responde que solo tiene una especie de dietario íntimo o cuaderno de notas que ha ido rellenando con sus primeras impresiones. Al ojearlo, Oliver queda maravillado por la viveza y la potencia descriptiva de su prosa. Le exige que lo traduzca al castellano y que lo divida en artículos de periódico, para ser publicados en *La Vanguardia* ya desde el día siguiente. Nace así la serie de crónicas —después reunidas en forma de libro— *Diario de un estudiante en París*, con la que Agustí Calvet, que ha adoptado el seudónimo de Gaziel (nombre con el que los filólogos árabes que en la Edad Media comentaban las obras de Platón designaban al *daimon* o demonio socrático) pocos meses antes, inicia una fulgurante carrera que le convierte en uno de los periodistas más leídos de su época.

En diciembre de ese mismo año, tras comprobar el enorme éxito alcanzado por esas anotaciones tomadas a vuelapluma, *La Vanguardia* le manda de nuevo a París, ya como enviado especial, a sueldo del periódico. Desde Francia, donde contrae matrimonio en 1915, ejerce como cronista de la Gran Guerra durante varios años, en los que se consolida como uno de los mejores corresponsales españoles de entre los que informaron sobre la Primera Guerra Mundial. Terminada la contienda, retorna a Barcelona y, a petición de Oliver, quien se convierte en su maestro y mentor, es nombrado redactor jefe de la cabecera propiedad de la familia Godó. Es el primer ascenso en un *cursus honorum* que, pese a su difícil relación con los propietarios de la empresa, le lleva a ser codirector, primero (desde la muerte de Oliver, en 1920), y director en solitario, después, cuando, en 1933, asume toda la responsabilidad al frente del diario.

Entre 1920 y 1936 se desarrolla la que podríamos llamar la «etapa dorada» de su trayectoria profesional. Gaziel se convierte en un periodista de enorme prestigio que, además de en sus columnas en *La Vanguardia*, despliega su vasta cultura en tareas como el dictado de conferencias, la dirección de colecciones editoriales, la participación en jurados literarios o la asistencia a congresos internacionales. En definitiva, se convierte en uno de los intelectuales más influyentes de Cataluña y, por ende, en una figura de una «gran proyección pública»[2]. Dicha dimensión rebasa el ámbito catalán, pues en 1925 incorpora su firma al prestigioso periódico madrileño *El Sol*, donde publica tribunas sobre el catalanismo y la relación Cataluña-España, hasta su salida en 1930. Un año después, también colabora en *Ahora*, cabecera republicana, cuyo redactor jefe es Manuel Chaves Nogales, en la que inserta varios artículos sobre la política española durante el primer bienio de la República.

El inicio de la Guerra Civil trunca su carrera en el momento en que, gracias a sus esfuerzos, *La Vanguardia* se ha convertido no solo en uno los periódicos con mayor tirada de España, sino en uno de los pocos medios españoles cuyos estándares de calidad son equiparables a los de los grandes diarios europeos. Aconsejado por las autoridades catalanas, que no le garantizan su seguridad, en julio de 1936 se exilia, junto con su familia, en París. Terminada la guerra, con la victoria del bando sublevado, a su vuelta a Barcelona se encuentra con que le resulta imposible retomar su vida anterior, pues no solo tiene cerradas las puertas del gremio, sino que, en noviembre de 1940, la justicia franquista le abre un proceso por responsabilidades políticas, cuyo expediente no es archivado hasta 1943. Por si esto fuese poco, en febrero de 1941 se le instruye un consejo de guerra, que es sobreseído en agosto de 1942. Agobiado por las circunstancias y deprimido al comprobar en qué se ha convertido su ciudad, decide instalarse en Madrid, donde inicia un largo y amargo exilio interior, del que da testimonio en su excelente dietario de posguerra.

Tras varios años de silencio, en los que se niega a escribir en castellano porque la dictadura de Franco ha prohibido el uso del catalán, en 1953 publica un libro de recuerdos sobre su población natal titulado *Una vila del vuit-cents*. Empieza, así, la que podríamos llamar «segunda vida» de

[2] Llanas, Manuel, «En el centenari del naixement de Gaziel: una recapitulació», *Estudis del Baix Empordá*, vol. 6, 1987, p. 202.

Gaziel: una especie de renacimiento literario, en plena vejez vital, que se salda con una producción extraordinariamente fecunda, resultado de su madurez como escritor, ahora en su lengua materna. En apenas cinco años publica sus memorias, *Tots el camins duen a Roma* (1958); los libros de viajes *Castella endins* (1959), *Portugal enfora* (1960), *La península inacabada* (1961), *Seny, treball i llibertat (Suïssa)* (1961) y *L'home és el tot (Florència)* (1962); la reelaboración ampliada de *Una vila del vuit-cents*, titulada *Sant Feliu de la Costa Brava* (1963); y el volumen misceláneo *Un estudiant a París i d'altres estudis* (1963).

Aunque su muerte, el 12 de abril de 1964, a causa de un cáncer de estómago, le impide verlos publicados, deja varios libros inéditos (alguno incompleto) que ven la luz en 1970, cuando Editorial Selecta prepara un tomo con su *Obra catalana completa* (estaba prevista la edición de otro con su obra en castellano, pero nunca salió), o, ya en la década de los setenta, cuando, desde el exilio, el sello Edicions Catalanes de París imprime *Meditacions en el desert (1946-1953)* (1971) e *Historia de la Vanguardia (1884-1936)* (1974), impublicables por razones de censura en la España franquista.

•

El 9 de mayo de 1951 envía una carta al historiador Agustí Duran i Sanpere, que por entonces custodia el Archivo Municipal de Barcelona. En ella le explica que quiere preparar un índice con las referencias de todos los artículos que publicó en *La Vanguardia*, porque dispone de un catálogo que él mismo fue elaborando, pero no tiene los datos de los últimos diez años. Para completar su lista, le pregunta si alguno de sus ayudantes puede revisar la hemeroteca y anotar los títulos y las fechas de las colaboraciones que él no tiene censadas. Ocho días después le remite otra misiva, explicándole con más detalle el motivo por el que le interesa conformar ese archivo personal:

> En previsión de mi muerte, como escribió Schopenhauer en uno de sus mejores prólogos, querría reunir toda aquella hojarasca: bien sea para seleccionarla con calma y extraer material para tres o cuatro volúmenes de política, crítica literaria, etc., o bien sea, solamente, para dejarla dispuesta y asequible a los ojos de algún posible rastreador del periodismo catalán anterior a la muerte de Gaziel[3].

Del contenido de la epístola se deduce que, de haber vivido más años, es posible que el propio Gaziel hubiese confeccionado un libro si no igual, sí muy parecido al que lector tiene en sus manos. Aunque dejó preparadas un par de selecciones de artículos sobre la ciudad de Barcelona y sobre el catalanismo político[4], no le debió de dar tiempo a seguir con otras, por lo que los textos que integran esta antología responden única y exclusivamente a mi criterio, como compilador de la misma. Si me he decidido a retomar aquel lejano deseo del autor, ha sido por dos motivos: el primero y fundamental, porque creo que los artículos aquí reunidos figuran, por méritos propios, entre lo mejor de la obra periodística gazieliana; el segundo, porque, no habiéndose dado las circunstancias favorables antes, pienso que la conmemoración del sesenta aniversario de la muerte del escritor es una excusa perfecta para rescatar del olvido unos textos que hasta ahora solo se podían consultar si se acudía a la hemeroteca, pues la mayoría de ellos nunca habían sido recopilados y editados en forma de libro.

Que estas «pláticas» del periodista gerundense no hayan tenido suerte editorial no significa, ni mucho menos, que ocupen un lugar secundario en la producción de su autor. Al contrario: desde sus inicios en *La Vanguardia*, Gaziel fue un hombre atento a la vida literaria europea, por lo que aprovechó

[3] Gaziel, «Carta a Agustí Duran i Sanpere» (17-V-1951), en *Obra catalana completa*, Barcelona, Editorial Selecta, 1970, p. 1724.

[4] Las ha editado Jordi Amat con los títulos *Tot s'ha perdut: el catalanisme polític entre 1922 y 1934* (Barcelona, La Magrana, 2013) y *La Barcelona de ayer: estampas y crónicas (1919-1933)* (Barcelona, Libros de La Vanguardia, 2014).

la muerte o el centenario de algunos de sus escritores predilectos para, desde su tribuna en el periódico, valorar el conjunto de su obra o ponderar la relevancia de su aportación a las letras. Lejos de ser un crítico al uso, dedicado únicamente a comentar las publicaciones más recientes (también escribió reseñas de novedades, como podrá comprobar el lector), fue un lector voraz, pero caprichoso, que combinó el análisis de la actualidad editorial con las glosas de obras u autores extemporáneos. La suya fue, pues, una labor intermitente, aunque ininterrumpida, ajena a los imperativos de la actualidad, en la que confluyen, como ha señalado Manuel Llanas, tres operaciones intelectuales distintas: «vasta experiencia de lector, preferencias estéticas y reflexiones del hombre de letras que Gaziel siempre ambicionó ser»[5].

Bajo el título genérico de «Pláticas literarias», que usó para encabezar sus columnas librescas, o empleando como antetítulo alguna efeméride destacada que le servía como pretexto, nuestro autor fue publicando varias decenas de artículos en los que encontramos, disperso e intercalado, ese conjunto de valores que, según Azorín, integran el *sistema* sobre el que cada creador construye su obra como crítico. En el caso que me ocupa, dicho credo se cimenta en torno a la definición de lo que para Gaziel es —o debería ser— una obra literaria: «algo así como un traje que no sirve para mostrar la desnudez del cuerpo, sino para encubrirlo, y no da tanto una representación en sí misma de la figura humana como una interpretación suya de acuerdo con la sensibilidad de una época determinada»[6].

Partiendo de esta premisa, son varios los textos, no solo periodísticos, en los que reflexiona sobre las condiciones que una obra debe reunir para generar su interés como lector. Si prefiere a los autores clásicos sobre los más modernos (aunque también dedicó muchos comentarios a sus contemporáneos),

[5] Llanas, Manuel, *Gaziel: vida, periodisme i literatura*, Barcelona, Publicacions de l'Abadia de Montserrat, 1998, p. 138.

[6] Gaziel, «Literatura de guerra: la verdad sospechosa», *La Vanguardia*, 1-XI-1929.

no es porque se considere un hombre inactual, sino porque se sabe un lector muy exigente, de un paladar exquisito, que no se conforma con cualquier cosa. En una carta a su amigo el diplomático Jaume Agelet, le confiesa que, para captar su atención, una novela debe cumplir con una serie de requisitos que pocas de ellas reúnen: «Para que una novela me atraiga, ya tiene que estar consagrada y, sobre todo, tiene que ser más que una simple novela. Debe contener, bajo tal forma, una visión nueva u honda del mundo, alguna resonancia única, un universo cerrado y maravilloso, real o imaginario, y una dosis esencial de poesía. Me gusta que el autor, un espíritu superior al mío, me lleve de la mano como a una criatura y me enseñe su maravillosa manera de ver a los hombres y a las cosas»[7]. Teniendo en cuenta este desiderátum, no es de extrañar que, en esa misma carta, confiese su querencia por autores —sobre varios de los cuales he reunido sus impresiones aquí— como Cervantes, Stendhal, Balzac, Dostoievski o Tolstoi.

Gaziel es, no quiero ocultarlo, un crítico elitista. Posee una desbordante cultura humanista, de clara influencia ilustrada, que es incapaz de soslayar cuando manifiesta sus gustos estéticos. Al igual que considera el periódico como el instrumento ideal para influir sobre las masas y dirigir su voluntad, en cuestiones políticas o electorales (unas de sus especialidades) está convencido de que la labor de un buen crítico es, también, la de ejercer como filtro a la hora no tanto de recomendar o prescribir lecturas como de seleccionar y separar el grano de la paja. Su cosmovisión burguesa y conservadora le lleva a mantener una actitud no reaccionaria, pero sí antimoderna, en el sentido de que, a menudo, se queja por la masificación de algo tan preciado para él como es la cultura. Su máxima, en este sentido, es que «en plena democracia es necesario, sin dejar de ser ferviente demócrata, aristocratizar el arte»[8]. Una de las mayores muestras de degradación, síntoma de la decadencia de Occidente,

[7] Gaziel, «Carta a Jaume Agelet» (28-XII-1956), en *Obra catalana completa*..., p. 1700.

[8] —, «Pláticas literarias. Teatro y democracia», *El Sol*, 19-I-1928.

es la proliferación de «falsas novelas», que, junto a la aparición del cine, la radio, la televisión, el futbol y el turismo, considera un castigo de Dios, la estupidez del mundo moderno: «Así como el antiguo Egipto —ganado de pueblos dominados por tecnócratas sometidos al faraón— tuvo que sufrir una pila de plagas que se han hecho famosas, también nuestra civilización incipiente, conducida por faraones improvisados y esclavizada por la técnica mecánica, empieza a ver surgir las plagas propias que le corresponden»[9].

Desde el punto de vista formal, las críticas reunidas en *Pláticas literarias*, publicadas en los periódicos *La Vanguardia* y *El Sol*, no siguen un esquema único, aunque todas tienen en común una serie de rasgos. El más destacado de ellos es, sin duda, que Gaziel las suele iniciar con una reflexión sobre alguna obra concreta para, acto seguido, desplazar su interés al conjunto de la producción de su autor o, incluso, al comentario de la tendencia o el movimiento literario en el que dicho escritor o artista se inscribe. En este sentido, el suyo suele ser un razonamiento inductivo, que va de lo particular a lo general o «de la anécdota a la categoría», como pedía Eugenio d'Ors. Buen ejemplo de ello es el primero de los textos antologados, donde emplea un hecho puntual —el estreno de *El rey Lear* en el Teatro Romea de Barcelona— para realizar un análisis microsociológico del contraste entre la elevación espiritual que suscita el drama shakesperiano y la mentalidad provinciana que encarna la burguesía barcelonesa.

Que sea un crítico elitista no quiere decir que sea ortodoxo. Gaziel es un liberal afrancesado, amante de la tradición, pero es también un hombre atento a lo que se mueve y abierto a intercambiar opiniones con quienes disienten de sus posturas. Lo fue como analista político (mantuvo varias polémicas, siempre en un tono cordial y educado, al menos por su parte) y lo fue como crítico literario, entre otras cosas porque, como él mismo sostuvo, juzgar la creación de otros exige, de entrada, entender que no todo el mundo

[9] Gaziel, «Impromptu sobre la novel·la», en *Obra catalana completa*…, p. 1631.

posee el mismo criterio: «nunca se podrá pulsar a fondo el gran misterio y el encanto del arte (como el de las religiones y otros fenómenos de la sensibilidad) mientras que de los juicios que suscita no se descarte en absoluto todo dogmatismo, mientras no se sepa o no se quiera ver que el arte es una pura resultante de la cosa menos sistemática, menos dogmática, más viva y cambiante: la sensibilidad humana»[10].

Dicha sensibilidad es la que, en mi opinión, aplicó Agustí Calvet en su labor como crítico, aquí recuperada. Si algo le distingue de otros escritores de su tiempo, como él mismo explica en uno de los artículos incluidos en esta selección, es que su forma de entender la lectura no es la de un crítico literario al uso, que se queda en la superficie del texto, sino la de un crítico humanista, que rebusca en lo que se esconde debajo de ella: «Leer es, por excelencia, ir al espíritu, no a la letra de las palabras»[11].

•

Aunque compañeros de profesión de la talla de Josep Pla o Augusto Assía dijeron que Agustí Calvet fue «la figura más señera del periodismo peninsular durante casi un cuarto de siglo»[12], o «el escritor más lúcido que ha dado España entre las dos grandes guerras»[13], el historiador Josep Benet concluyó que era «uno de los personajes peor conocidos, incomprendidos y difamados»[14] del siglo XX catalán. Puede parecer opiniones contradictorias, pero todas ellas son ciertas: durante los años de entreguerras, Gaziel fue, si no el

[10] Gaziel, *Meditacions en el desert (1946-1953)*, prólogo de Jordi Amat, Barcelona, L'Altra Editorial, 2018 [1971], p. 288.

[11] —, «En torno a Maragall. Posdata a Pijoán», *La Vanguardia*, 11-XI-1927.

[12] Pla, Josep, «Gaziel y su vila del vuitcents», *Destino*, n.º 842, 26-IX-1953, p. 16.

[13] Martí Gómez, José, «Mi modelo siempre fue Inglaterra (entrevista a Augusto Assía)», *La Vanguardia*, 22-IX-1994.

[14] Benet, Josep, «Gaziel, escriptor català», en *Obra catalana completa…*, p. XVII.

mejor, sí uno de los mejores periodistas españoles del período. Durante las últimas décadas ha sido, también, si no el más maltratado (se le suele citar dentro de una terna de desarraigados, que comparte con Eugenio d'Ors y Josep Pijoan[15]), sí uno de los intelectuales más injustamente valorados por la cultura oficial catalana.

Resolver ese enigma exigiría un estudio en profundidad, pero no es el momento ni el lugar. Cuando propuse a la Fundación Banco Santander la publicación de estas *Pláticas literarias* (la idea de esta posible compilación me la dio el profesor Manuel Llanas), mi objetivo era más modesto. Solo pretendía llamar la atención sobre una faceta de Gaziel que ha quedado «casi totalmente oscurecida por su tarea de articulista político, que, al fin y al cabo, fue la que le dio más prestigio»[16]. Quería, en estos tiempos de guerras y disputas identitarias, romper una lanza en favor de un autor cuya obra representa un esfuerzo de concordia, de voluntad de diálogo entre los diferentes pueblos —y las literaturas— que convivimos en la vieja Europa. Un humanista al que, como podrá comprobar quien se asome a estas páginas, nada de lo humano le resultó ajeno:

> De mi padre, un tal Agustín Calvet, a quien si no fuese por mí nadie conocería, debo decir, francamente, que me parece un pobre hombre. Es catalán y del Ampurdán; esto es, de lo más catalán que pueda darse en este mundo. Pero, a pesar de su profunda catalanidad, de la que está muy satisfecho, siempre ha tenido la manía de rebasar sus límites originarios. España le interesa más que Cataluña, la Península Ibérica más que España, Europa más que la Península Ibérica, y por encima de todo, lo humano de Terencio, la Humanidad[17].

[15] Jardí, Enric, *Tres diguem-me desarrelats: Pijoan, Ors, Gaziel*, Barcelona, Editorial Selecta, 1966.

[16] Llanas, Manuel, «Balanç (amb polèmica) dels estudis sobre Gaziel», *Els Marges*, n.º 38, 1987, p. 101.

[17] Gaziel, «Memorias literarias: autobiografía de un pseudónimo», *La Gaceta Literaria*, n.º 14, 15-VII- 1927, p. 1.

PLÁTICAS LITERARIAS

LITERATURA UNIVERSAL

William Shakespeare*

La noticia repercutió en nuestro soñoliento vivir cotidiano como una piedra arrojada de improviso en la gelatinosa paz de una laguna. Shakespeare, tras una larga ausencia, iba a pasar por Barcelona. Y después de incontables meses de abstención voluntaria, los que casi nunca vamos en Barcelona al teatro, por no poder soportarlo, resolvimos ir a ver, a recordar a Shakespeare, presentado por un actor extranjero y extraordinario. ¡Qué delicia, por fin! El espíritu de Shakespeare es como una tromba que iba a sacudirnos el polvo del alma. Mientras nos dirigíamos al teatro, alborozadamente, parecía como si nos despidiésemos de la ciudad, de sus calles y plazas, de cuanto habitualmente nos rodea, lo mismo que si fuésemos a emprender un viaje hacia tierras lejanas y maravillosas. Y las estrellas de invierno, palpitando en lo alto, más vivas y ardientes que de costumbre, parecían decirnos: «¡Deprisa! ¡Deprisa!».

Esta vez, Shakespeare había escogido, para presentarse a nosotros, el teatro Romea. Yo nunca he podido comprender por qué razón algunos catalanes han dado en llamar a ese teatro «nuestro teatro nacional». Eso es no tener ni la más vaga idea de lo que toda verdadera nacionalidad implica. Yo más bien lo llamaría «nuestro teatro familiar» o «nuestro teatro doméstico». Todo es casero y consuetudinario en él. Está enclavado en uno de los barrios más típicos de la Barcelona antigua, entre humildes tiendas de alpargateros y de *betes-i-fils* [sic], y fondas de rudimentaria clientela rural. A altas horas de la noche, la calle huele a verduras ajadas. Las emanaciones de la Boquería, el mercado barcelonés por excelencia, llegan traidoramente hasta el mismo vestíbulo del teatro. Y cuando os encamináis a él, en vez de rumor de sedas —al leve paso de las elegantes calzadas con

* «Shakespeare en Barcelona. El genio que pasa», *La Vanguardia*, 31-I-1923.

chapines de plata—, a menudo oís un escandaloso repiqueteo de zuecos y chanclos de madera resonando plebeyamente en las callejuelas contiguas, donde las vendedoras de bacalao se entregan a sus manipulaciones nocturnas.

Al entrar en el Romea, no parece que llegáis al teatro, sino al seno de la más campechana familia. Los porteros y acomodadores os reciben como a viejos amigos. La gente va llegando con una llaneza admirable, sin haberse preocupado para nada del vestir, sin la menor pompa, sin el menor boato, simple, tolerante, bonachón y patriarcal, con esa absoluta carencia de «voluntad de parecer», de instinto de lo que podríamos llamar jerarquía mundana, que es la característica —quizás única en el mundo— de nuestra burguesía menestral o de nuestra menestralía aburguesada.

Casi nadie se detiene en la guardarropía. Si algún *pater familias* la divisa por casualidad, en seguida frunce el ceño y pasa de largo, como ante un inútil y complicado estorbo o un «papadinero» casi escandaloso; y se apresura a empujar adelante a los suyos para que ni por asomo caigan en la tentación de dejar allí ni un pañuelo de bolsillo. El cuello del gabán alzado, el sombrero metido hasta las orejas, las botas cubiertas del polvo o el barro de una larga caminata, los hombros cargados de pieles, las manos llenas de paraguas, bastones, periódicos y el estuche con los domésticos gemelos de teatro: así las familias, hombres, mujeres y niños, van entrando en la sala, recorren los pasillos, atraviesan las filas y llegan, por fin, a sus respectivas butacas. Entonces comienza la descarga. El respaldo y los brazos de los sillones, propios y ajenos; los intersticios de los asientos, los pasillos y hasta el suelo quedan cubiertos y obstruidos por la indumentaria familiar. Si algún acomodador insinúa la posibilidad de quitar y llevarse buenamente tanto estorbo y molestia, una torva mirada basta para atajarle. Entonces, el buen hombre sonríe y murmura: «¡Faci, faci!», en un tono indulgente que quiere decir: «Al fin y al cabo, es verdad que aquí estamos en familia».

La sala se va llenando. Pronto nos apercibimos de que nos conocemos todos o casi todos. Allí está Fulano, y Zutano, y Mengano. Somos los de siempre, los únicos que acudimos invariable y exclusivamente —salvo enfermedad o ausencia, esto es, salvo fuerza mayor— a las raras fiestas que el espíritu celebra en

Barcelona durante el curso del año. La atmósfera del Romea se hace cada vez más franca. Nos saludamos desde lejos, nos sonreímos. Parecemos una numerosísima familia reunida en tertulia... Y de pronto, en medio de esa llaneza, de ese abandono tan íntimo, tan barcelonés —cuando en el piso alto, sofocados por el calor, algunos espectadores quizás se han puesto ya en mangas de camisa—, se extinguen las luces de la sala, se ilumina el escenario, se abre la cortina... y aparece Shakespeare, con sus gigantescos personajes que exceden portentosamente del tamaño natural.

¡Qué cambio tan brusco! ¡Qué tremendo salto, no sólo en el tiempo, sino también en la temperatura anímica! ¡Qué mundos tan opuestos, el que acaba de esfumarse en la sala y el que acaba de surgir sobre las tablas! Abajo, en la platea, todo queda gris y apagado. Arriba, en el escenario, pronto comienza a arder y crepitar una prodigiosa hoguera de pasiones humanas. ¿Qué tenemos que ver nosotros, los barceloneses de hoy día, con ese rey Lear destacando, como un ingente peñasco moral, en medio de un embravecido mar de ambiciones, apetitos, ternuras y crímenes cortesanos? A medida que la sugestión avanza —como en el transcurso de un prodigioso viaje ideal, de ese mismo viaje imaginario que nos prometíamos al cruzar las Ramblas—, nos sentimos transportados a un mundo magnífico, infinitamente superior al nuestro en cantidad y calidad, en virtudes y crímenes, en ingenuidad y en malicia; y vemos desfilar ante nuestros atónitos ojos maravillosos paisajes anímicos, insospechados casi, de una profundidad insondable, con relación a los cuales nuestras cotidianas perspectivas tienen la estrechez y la vulgaridad de un patio casero comparado con la feraz anchura de una selva virgen. Todo rebasa nuestra experiencia. El esplendor verbal e imaginativo de Shakespeare nos deslumbra como un meteoro. Y nuestra pobre alma se encoge de estupor y de espanto al oír los sublimes apóstrofes del rey Lear a su hija, que suenan a nuestros tímidos oídos como líricas y geniales maldiciones gitanas...

Los entreactos son insoportables, como dolorosos intervalos de vulgaridad entre diversos momentos de una tensión sobrehumana. La vista de la sala, cada vez que se cierra la cortina y se encienden las luces, nos abruma como una caída insondable. Estábamos sumidos en un prodigioso sueño y nos despiertan bruscamente a la realidad. Los hombres salen a fumar al vestíbulo del teatro, y van dando vueltas en torno de unos escaparates que exhiben máquinas de escribir, zapatos y quincallería.

¿Dónde está el rey Lear? ¿Qué va a ser de la tierna Cordelia? ¿Acaso esos hombres y mujeres que nos rodean, liando cigarrillos de 0'50 y lamiendo caramelos de goma y menta, se parecen a ellos? Entre la muchedumbre incolora destacan algunas gorras a cuadros blancos y negros (gentes campechanas que han venido al teatro desde Sabadell o Tarrasa) y algún payés con la manta al hombro, desorientado y aburrido, como esos parientes lejanos, de humilde extracción rural, que a veces caen de improviso, desatentadamente, en medio de las grandes fiestas familiares... Cuando suenan los timbres, corremos a refugiarnos en nuestro sueño interrumpido.

Aparecen de nuevo los geniales fantasmas de Shakespeare, y sus palabras y acciones nos transportan, nos arrebatan a un mundo desconocido, poderoso y turbulento. ¡Oh, no! Esas grandes pasiones, esas sublimes locuras, no son para nosotros, hombres nacidos en un mundo decrépito, sistematizado, técnico, financiero, democrático y horriblemente vulgar. Esa manera de sentir y obrar no se corresponde en modo alguno con la nuestra. Esos arrebatos, esa gigantesca energía sólo pudieron ser bien comprendidos, por gentes poderosas y ociosas, por verdaderos grandes, en aquella sociedad efervescente, apasionada y feroz de fines del siglo XVI y comienzos del XVII, cuando aún no había sufragio universal, ni comicios, ni motocicletas, ni caminos de hierro, ni cinematógrafos, ni telegrafía sin hilos; pero, en cambio, la reina Isabel de Inglaterra se sabía de memoria largos y sublimes fragmentos de Shakespeare, y los dos altos protectores del poeta, el conde de Essex y el de Southampton, morían decapitados o se despertaban, un día, en el fondo de una lúgubre mazmorra, víctimas de sus indomables pasiones y sus temerarios afanes.

A nosotros, a los que estamos hoy en la sala contemplando embobados, esas formidables hogueras humanas nos sacan de quicio. Nuestras buenas y sosegadas costumbres, nuestra suave mediocridad, nuestro *seny* racial, nos incapacitan para experimentar personalmente las supremas tempestades del alma. Sólo podemos barruntarlas y llegar hasta ellas mediante la inteligencia, no con el corazón. Y aun eso de comprenderlas nada más, de imaginarlas como posibles, a través del verbo incomparable de Shakespeare, es cosa harto difícil para nuestra pequeñez encenagada en la minucia del vivir cotidiano, en nuestros hábitos caseros y regulares, en las horas de oficina, en nuestro instintivo miedo a las aventuras y a los sobresaltos. El prototipo ideal de la paternidad maltratada y escarnecida no es para nosotros *El rey Lear,* de Shakespeare, sino *Le pere Goriot,* de Balzac.

De ahí que una representación de Shakespeare sea una verdadera tormenta para nuestras almas metódicas y rutinarias. Al terminar el espectáculo, nos parece como si despertásemos de una violenta y deslumbradora pesadilla. En el secreto de nuestros corazones, y a pesar de la invencible fascinación del genio, sentimos una especie de remordimiento, como si acabásemos de ser cómplices de lo que en buenas costumbres se llama «un exceso»; y nos congratulamos de nuestra pequeñez, de no ser como los gigantescos personajes cuyos dolores nos han atormentado deliciosamente durante la velada. «¡Dios nos libre —pensamos— de amar y odiar, de sentir de ese modo, con esa violencia y con tales transportes!» Como al regreso de un largo y fatigoso viaje por tierras maravillosas pero desconocidas, experimentamos el cansancio de lo inacostumbrado y la aspiración a reintegrarnos cuanto antes a nuestra vida mediocre y vulgar, pero exenta de cataclismos y huracanes. Al salir del teatro, nos parece extraño y consolador, a un tiempo, hallarnos en la vieja calle del Hospital, oír a los vendedores que nos ofrecen el insípido periódico de la noche y ver discurrir los cansinos y habituales tranvías que han de devolvernos a nuestras modestas moradas. Y así, un tanto alucinados todavía y un poco arrepentidos ya, regresamos a casa bostezando de sueño y sintiendo que poco a poco nos envuelve otra vez la suave modorra de nuestra existencia calmosa y consuetudinaria, en la que todo es proporcionado y metódico, ¡sin grandes alegrías ni grandes pesares!... Y nos alejamos del teatro, en las tinieblas nocturnas y bajo el río de estrellas que corre en lo alto de las callejas desiertas, como un rebaño domesticado y pacífico, como un tímido vuelo de aves de corral (cuyo inmenso gallinero es la ciudad trabajadora, sensata y plebeya) que regresase de contemplar, por pura curiosidad de las medianías, una colección de verdaderas fieras indomables, de magníficos leones y tigres salvajes.

Joseph de Maistre[*]

El próximo sábado, día 26, se cumplirá el primer centenario de la muerte de uno de los más grandes escritores de lengua francesa; de uno de los espíritus más rectos y rectilíneos, más nobles, más fuertes, más lógicos y —para nosotros— más fascinadores, que hemos hallado a lo largo de nuestras lecturas: el conde José de Maistre.

Trabamos conocimiento con él siendo todavía muy jóvenes, hace bastantes años, en verano, casi al azar, mientras tomábamos perezosamente las aguas medicinales de San Hilario Sacalm. Habíamos ido solos a esa estación tan típicamente catalana, de regreso de una larga y accidentada correría por Francia, Bélgica, Inglaterra y Alemania. Nos hospedábamos en una fonda del pueblo, no en el balneario, que está bastante apartado de aquél, en el fondo de un valle húmedo, estrecho y frondoso, entre altas y sombrías cañadas. Nos levantábamos de madrugada, a las cuatro o cuatro y media; nos acostábamos muy temprano, a las nueve o nueve y cuarto. Y dos veces al día, con la aurora y al atardecer, íbamos a los manantiales en una jardinera destartalada y cansina, llena de apacibles enfermos del riñón o del hígado y envuelta en el alegre campanilleo de unos caballejos mansos y experimentados. Habíamos llevado en nuestro corto equipaje algunos libros nuevos y otros viejos pero desconocidos. Y sentados en el pescante, junto al conductor del sosegado carruaje, mientras seguíamos los bellos recodos de la carretera y los demás hablaban de pequeñeces y achaques, nosotros leíamos y traqueteábamos ensimismados.

Una de las obras que así, al azar, dulce e insensiblemente, cayeron en nuestras manos, era *Les soirées de Saint-Pétersbourg*, de José de Maistre. Fue una revelación.

[*] «Centenario. Un gran maestro de esgrima», *La Vanguardia*, 23-II-1921.

Desde las primeras páginas se nos comunicó el irresistible ardor, la maravillosa y caldeada rigidez de aquel gran espíritu; y en las lecturas sucesivas, hasta devorar rubro, nuestro asombro fue aumentando como ante un inesperado descubrimiento. Era por aquellos días juveniles y entusiastas cuando nosotros leíamos desenfrenadamente cuantas novedades y estridencias destacaban en la literatura mundial. Y nos pareció un suceso casi inexplicable, un prodigio, hallar tanta hermosura literaria y un tan excelso y luminoso vigor en aquellos tres tomos de una obra vieja, que sólo aparecía citada, de tarde en tarde, en algunas apologías soporíferas, de seminario estableado, y que nosotros sólo habíamos adquirido pocas semanas antes bajo los pórticos del Odeón, en París, porque nos vendieron los tres volúmenes como un saldo pegajoso y a mitad de precio. Entre nuestro espíritu y el del formidable polemista se entabló, desde las primeras líneas del libro, una furiosa y cordial batalla. Poco sospechaban el conductor de la jardinera y sus tranquilos clientes la colisión tremenda que hervía en el cerebro de aquel joven y silencioso lector que iba absorto en el pescante. Al regresar al pueblo, después de la cura, durante las largas horas de reposo y siesta, mientras el agua medicinal se nos filtraba lentamente, escondidamente, por el interior del cuerpo, sentados a la mesa de pino de nuestro cuarto de fonda, nos entregábamos a verdaderas orgías disputatorias borrajeando argumentos y refutaciones contra José de Maistre.

Hay dos clases de polemistas: la vulgar, la de aquellos que, apenas abren la boca, os obligan a volverles la espalda, abrumados de hastío; y la otra, rarísima, de los que se os agarran bruscamente a la inteligencia y al corazón, como una fiera enemiga, y os obligan, quieras no quieras, a luchar con ellos. José de Maistre es quizás el primero entre los representantes de esta peleadora, recia e invencible casta de campeones. Muchas veces hemos pensado que sus obras, en especial las famosas *Soirées*, podrían servir de infalible piedra de toque para distinguir, en las escuelas de filosofía, los alumnos con verdadera vocación para el ejercicio dialéctico de la inteligencia de los alumnos ineptos. Dad a leer esa obra límpida, ardiente, estimulante en grado sumo, a un hombre culto. Si no reacciona al instante, en cualquier sentido, favorable o adverso, es inútil: ese espíritu será filosóficamente mate, apagado, inservible.

Poco importa la caducidad de las teorías sustentadas por José de Maistre. Con ese hombre y esa alma de tan extraordinario vigor, lo interesante no es el metal, es el temple. Las armas de José de Maistre ya no se usan, pasaron de moda, fueron substituidas por otras más modernas, más nuevas y adecuadas a los nuevos tiempos. Hoy no combatimos con espadas, sino con ametralladoras. Pero es que no tratamos de eficacia práctica, de rendimiento actual. Aquí, lo único que nos apasiona y conmueve no es el resultado del asalto, sino la esgrima pura. Y la alta escuela de José de Maistre es una de las más ágiles, vigorosas y admirables que hayan aparecido jamás en el palenque del entendimiento humano.

Dos escritores muy distintos, dos espíritus divergentes (aunque los dos tengan más de una íntima y secreta afinidad), ambos de lengua francesa, coinciden en esta mágica supervivencia del estilo sobre el contenido de su actividad polémica; son Pascal y De Maistre. Muchos de los temas que ambos removieron apasionadamente se han marchitado ya, o por lo menos ha cambiado por completo la manera de considerarlos y sentirlos. Pero todavía perdura, para mantenerse a través de los siglos, el ardor inextinguible con que los animaron, la incomparable destreza con que los defendieron, y aquella suprema elocuencia suya que ha logrado el milagro de convertir en eterna maravilla impasible y eterno solaz del entendimiento lo que en ellos sólo fue dolor, tragedia, angustia personal y pasión. Aun después de olvidada la batalla, aun después de muertos los adalides y hasta los ideales que sostuvieron, sus armas siguen tan afiladas como en pleno torneo, sin mella ni hollín, a pesar de los años. Y nadie puede acercárseles impunemente; nadie puede levantarlas del polvo en que yacen sin verse constreñido todavía a confesar noblemente, como entre caballeros: «¡Tocado!»

José de Maistre murió en Turín, el 26 de febrero de 1821, en una casa frontera a la iglesia de la Madonna degli Angeli, a los 67 años de edad, después de haber pasado lo mejor de su vida lejos de los suyos, entre las brumas y las nieves de San Petersburgo. El minúsculo rey de Cerdeña, su señor, a quien había servido durante cincuenta años, no supo apreciarle merecidamente. José de Maistre conservó hasta la muerte, en su indomable cabeza, la densa cabellera que argentaron por completo el dolor, la meditación y los años. Un siciliano decía: «Se parece al Etna: tiene nieve en las sienes y brasas ardientes en el corazón»...

Terminamos nuestra primera lectura de *Les soirées de Saint-Pétersbourg* una tarde de septiembre, volviendo del manantial, sentados en el pescante de la pausada jardinera que nos conducía de regreso a San Hilario. Comenzaba a obscurecer. En los taludes contiguos cantaban los últimos grillos de estío. El cielo se amorataba sobre el pálido y mustio verdor de las frondas. Los pasajeros dormitaban, cansados, en la penumbra del carruaje, bajo el toldo leve y desteñido, o se divertían charlando de cosas triviales. A lo lejos, sobre la curva suave de un otero, asomaba su faz macilenta la luna otoñal. Cerramos el libro. Y al levantar los ojos, con un hondo suspiro, sobre aquel rincón de tierra catalana, tan entrañable, tan humilde, tan bella, sentimos un pueril orgullo y una amarga soledad ideal al pensar que, en muchas leguas a la redonda, no había nadie capaz de sospechar y mucho menos comprender el tesoro que traíamos en aquel viejo libro escondido debajo del brazo.

GOETHE[*]

Yo no recuerdo un centenario como este de Goethe, que culminará el próximo martes, 22 de marzo, fecha del fallecimiento del gran poeta alemán. Se trata de una verdadera movilización general de la inteligencia. En Europa y América, y aun en las partes restantes del globo influidas por la civilización occidental, se alzan falanges de escritores y oradores en todas las lenguas cultas, con millares de artículos, folletos, ensayos, libros, conferencias, comentarios, lecciones y discursos de homenaje al insaciable y eterno aprendiz del *Wilhelm Meister*. Pintores, músicos, escultores, hombres de ciencia y políticos colaboran en este festival del arte y de la inteligencia. ¿Por qué —ni para Dante ni para Shakespeare— se había visto nada parecido?... Si pudiésemos hallar una explicación de tan interesante fenómeno, tal vez aportaríamos con ello nuestro modesto granito de arena al homenaje universal.

¿Será debida esta movilización sin ejemplo a una propicia, fortuita y singularísima actualidad de Goethe con relación al instante presente? ¿Es que los vientos hoy dominantes en el mundo, o por lo menos en Europa, son vientos goethianos? Ni una cosa ni otra: más bien, parece lo contrario. Si Goethe resucitara al cabo de cien años, no es probable que se acobardase ante el estado del mundo, porque sus alas eran de sobra robustas para remontar y vencer todas las tempestades atmosféricas, tanto las interiores como las externas. Pero tal vez sí que se dibujaría en sus labios heroicos un rictus de desabrimiento. Había ciertas cosas, muy pocas, que, a pesar de su formidable poder crítico, Goethe no pudo llegar a asimilarse jamás. Y una de ellas era lo que después se ha convertido en la religión de nuestro tiempo: la idolatría de las masas.

[*] «En el centenario de Goethe. El espíritu y la masa», *La Vanguardia*, 18-III-1932.

En treinta siglos de historia europea, sólo ha habido dos actitudes capitales ante el problema básico del mundo, que es el problema del perfeccionamiento humano. El hombre nace lleno de escorias y tinieblas, dice la primera de esas actitudes; y lo que importa es mejorarlo incesantemente, desde la cuna hasta el sepulcro, haciendo de la vida una continua ascensión. Pero esto es imposible lograrlo en conjunto. La mayoría es incapaz de elevarse. El gran problema del hombre es un problema individual. La humanidad constituye el humus de donde cabe extraer, de cuando en cuando, algunas flores maravillosas y excepcionales. La muchedumbre, la masa, no puede aspirar a la grandeza; su única redención posible consiste en venerar a los pocos grandes hombres que brotan de su seno. Es la teoría del héroe. Esta actitud produce los excelsos ejemplares de humanidad que son los caudillos fabulosos y los artistas geniales, los hombres de Plutarco y los de Vasari. Y esta concepción neta —la del perfeccionamiento humano por el individuo, por el grande hombre— es la que ha imperado en largos períodos de la historia europea: en Grecia y en Roma, durante el Renacimiento italiano y en los llamados siglos de oro, el XVI y el XVII, de las mejores culturas occidentales, la francesa, la inglesa y la española, hasta bien entrado el siglo XVIII.

La otra actitud, también cerrada, no parte del hombre, sino de la masa. La humanidad, dice, es lo único capital. ¿Qué nos importa la grandeza de unos mantos ejemplares, pura vanagloria, si la muchedumbre inmensa es miserable? Todos los hombres somos iguales: todos queremos nuestra salvación. Sacrifiquemos las flores raras y maravillosas al pan de todos y de cada día. Tal es la teoría de la masa, en contraposición a la teoría del héroe. Y esta actitud, que arrasa poco a poco todos los brillantes valores de excepción, tanto los héroes como los artistas, en el sentido clásico, ha tenido dos fases, ambas místicas: una religiosa y otra social, según que la salvación de la humanidad se colocase en un mundo de ultratumba o en la propia tierra. Cuando se hacía lo primero, esta concepción produjo la avalancha del cristianismo primitivo, bajo la cual desapareció el mundo antiguo, el de los dioses y los héroes. Y al haberse hecho lo segundo, al plantearse la salvación de las masas en este mundo, y no en el más allá, esta concepción ha provocado las avalanchas proletarias modernas. Es una manera de sentir, profundamente mística, en oposición a la otra, que era intelectualista, y tiene también sus grandes hombres severos: los santos y los formidables apóstoles, antaño, y hoy los modernos conductores del proletariado.

Esta actitud humana dominó durante toda la Edad Media y fue debilitándose paulatinamente hasta el Renacimiento, en que quedó sumergida, a su vez, bajo la avalancha contraria. Pero, a mediados del siglo XVIII, rebrotó en forma social, con Rousseau; fue esparcida y sembrada luego por la Revolución Francesa, de un cabo a otro de Europa, a principios del XIX; arraigó profundamente en el Viejo Mundo, con la materialización industrial del maquinismo y con la histórica de Carlos Marx, y ahora está estallando en diversas formas —desde la comunista a la fascista—, todas ellas proclamadoras de que las masas y su expresión, el Estado, son omnímodas, y el individuo y su defensa, la libertad, no son nada.

¿Cuál de esas actitudes es la de Goethe? Huelga preguntarlo, tratándose del hombre moderno que más ha vivido, y más exclusivamente en sí y para sí. Goethe no concebía ni en sueños la anulación de la personalidad en aras de la colectividad. Y no la concebía no por egoísmo (pues el famoso egoísmo, como la famosa impasibilidad del gran poeta alemán, son puros tópicos de comentarista miope, incapaz de alzarse a la comprensión de la generosidad inmensa, casi de orden natural, como la de los campos fecundos, del alma goethiana, ni de entrever siquiera la esencia trágica de su serenidad olímpica), sino por entender que el máximo servicio que un hombre puede rendir a la humanidad consiste no en destruir en sí mismo lo que le distingue de la masa, y mucho menos cuanto la aventaja, antes bien en acrecentarlo indefinidamente, con incansable anhelo de superación, para así abrir a todos nuevas zonas de luz que de otra suerte permanecerían incógnitas, ya que sólo el vuelo audaz, poderoso y sin lastre del genio individual es capaz de explorarlas.

Pero esta posición de Goethe se ha ido haciendo cada vez más insostenible, desde su muerte hasta hoy. La masa crece en todo el mundo, y el espíritu se va achicando. Estamos otra vez en el umbral de una época en que la humanidad parece que va a imponerse al hombre. Por esto se viene hablando tanto de una nueva Edad Media. La inteligencia, que un día fue *ancilla theologiae*, corre peligro de ser convertida en sirviente de cualquier dogma comunista o fascista. Y tal vez la extraordinaria manifestación de intelectuales de todos los países, que estamos presenciando con motivo del centenario de Goethe, sea en el fondo un repliegue instintivo en torno a la excelsa fisura que encarna la máxima dignidad de la inteligencia moderna (como los soldados de toda graduación forman el cuadro alrededor de su general en jefe en las horas supremas).

Goethe vio venir la que estamos viviendo. La presintió, con su intuición genial, aquella noche memorable, en el campamento de Valmy, cuando se dio cuenta perfecta de que no acababa de librarse una mera batalla, sino un combate decisivo entre dos épocas históricas. Pero hay algo más emocionante que la certera presunción del poeta en Valmy, y es su entrevista en Erfurt, algunos años más tarde, con el *condottiero* que iba prendiendo por toda Europa el incendio del espíritu nuevo, de la irrupción de la masa en la historia moderna. Napoleón y Goethe, el héroe y el poeta. El más asombrado de los dos, al verse ambos frente a frente, fue el soldado, «¡He aquí un hombre!», exclamó Napoleón mirando a Goethe; y con estas palabras que se le cayeron de los labios, desde lo más profundo del alma, el héroe expresaba admirablemente la característica esencial de la época que él mismo estaba derribando con sus huestes plebeyas: época iniciada en el Renacimiento, pero cuya semilla procedía de la más remota antigüedad clásica; época de hombres, de grandes hombres, de individualidades gigantescas, despreciadora de las muchedumbres anónimas. Y Goethe vio también qué era lo que tenía delante: una fuerza irresistible, un meteoro de la naturaleza, más bien que una personalidad humana. Un héroe que externamente se disfrazaba con los emblemas clásicos: imperio, águilas y coronas de laurel, y que tal vez él mismo se figuraba ser una figura, como las de Plutarco; pero que, en el fondo, era un puro instrumento del destino, el brazo ejecutor de algo vago e informe: del alma nueva de Europa, la masa triunfante, la plebe tiránica que se estaba abriendo paso por entre las caducas frivolidades de un mundo barroco a cañonazo limpio.

Hombre y humanidad, individuo y plebe, liberalismo y socialismo, calidad y cantidad, jerarquía y justicia, espíritu y masa. Estos son, en diversas facetas, los dos términos del gran problema que el mundo tiene planteado en el primer centenario de la muerte de Goethe. Cualquiera solución parcial parece inicua, porque cercena valores que han llegado a ser capitales. Y tal vez todo el esfuerzo de los años futuros deberá consistir en hallar la armonía entre lo que representaban Goethe y Napoleón aquel día del otoño de 1808 en que se vieron, por primera y única vez, en una vieja ciudad alemana. Hallar el equilibrio justo entre espíritu y masa, de suerte que la grandeza humana no deba estar cimentada con sangre y lágrimas de los humildes ni el allanar el camino de la mayoría deba consistir en un brutal arrasamiento de todas las cumbres.

Stendhal*

El París literario actual suena a cacharrería. A cada momento se oye retumbar en alguno de sus círculos, salones, cenáculos y tertulias el hueco y sordo estruendo de un ídolo que se derrumba. Las nuevas generaciones son exaltadamente iconoclastas. Pero esta fiebre, que en otras partes podría ser fatal, en Francia resulta siempre beneficiosa, o por lo menos excitante, aperitiva, aguijoneadora. Está tan bien asentado el olimpo literario francés, y las estatuas de sus dioses, en mármol y bronce, son tan brillantes y sólidas, que las gentes mozas o aventureras pueden impunemente, sin riesgo alguno, hacer añicos cuantas reproducciones en barro se les antoje ajusticiar. Todo el siglo XIX (naturalmente, porque es el más cercano, el más frondoso, el que más punza e irrita, el que más poda necesita aún), con sus grandes figuras, está en entredicho. Michelet yace en el polvo. Renan va recibiendo implacables golpes: hay toda una legión de pigmeos simpatiquísimos, por su osadía juvenil, que le están aporreando día y noche. ¡Es la vida, no hay más! Sólo acaba siendo verdaderamente inmortal el que logra sobrevivir a estos estruendosos y repetidos asaltos de las generaciones, que revientan y pasan como las olas del mar. Víctor Hugo está ya medio sumergido, por lo menos momentáneamente. Y ahora —¿quién lo hubiera dicho?, ¡tan pronto para él, que consiguió salir a flote tan tarde!—, ahora le toca el turno a Stendhal. Dicen que se va a fundar una asociación antistendhaliana para combatir la lectura de Stendhal, como si fuera una plaga de langosta o una filoxera; dicen que sus obras «son una lata», que «no hay derecho, ¡vamos!», que «se acabó», que... «¡Jesús, lo que dicen del gran *milanese*!».

* «Pláticas literarias. El contrabandista del romanticismo: Stendhal», *La Vanguardia*, 10-X-1923.

Mi generación —la que podríamos llamar, para determinarla externamente, en el tiempo, «la generación de la Solidaridad Catalana»— fue una entusiasta admiradora de Stendhal. Pero ¿supimos comprenderle, mirarle a fondo? Me temo que no. Lo mismo que los odios y antipatías, las admiraciones pueden ser también ciegas. Y muchas veces resulta que lo único claro después de una gran batalla literaria, de una estruendosa polémica llena de iras feroces y adoraciones fanáticas, es que ninguno de los dos bandos adversos sabía exactamente por qué peleaba (esto ocurre también, y es mucho más grave, en las polémicas armadas o guerras de pueblos).

Para nosotros, entonces, y me parece que para muchos todavía, la característica suprema de Stendhal consiste en representar una fría, calculada, desdeñosa, inteligente e irónica reacción contra el romanticismo. Más que eso: Stendhal, para nosotros, no era un simple suero contra el romanticismo caduco, sino el mismo instinto arromántico hecho literatura. Stendhal, pues, en cierto modo, era para nosotros un precursor, porque nuestra generación se consideraba orgullosamente como arromántica por naturaleza, como la primera que había logrado, por fin, arrancarse el corazón lacrimoso, la mente vacua, los nervios afeminados y el indecente desbordamiento imaginativo de un largo período sentimental. Eso del «estúpido siglo XIX», que ahora León Daudet ha puesto de moda entre ciertas gentes de Francia, nosotros ya lo habíamos proclamado, en parte, a comienzos del XX. Y digo *en parte* porque la verdadera literatura del XIX (francesa, naturalmente, pues en Cataluña, en Barcelona, no conocíamos entonces más que ella y lo que del mundo restante nos llegaba a través de ella) comenzaba para nosotros después de 1850, con Baudelaire en poesía y con el naturalismo realista (los Goncourt) en novela. Todo lo anterior era anatema, con rarísimas salvedades discrecionales. El prerromanticismo o romanticismo instintivo e individualista, y el romanticismo posterior, ya consciente y organizado (como ahora el rebaño soviético), desde Bernardino de Saint-Pierre hasta Víctor Hugo, pasando por Chateaubriand y Lamartine, eran algo abominable, necio, ridículo, y, sobre todo, pueril. Lo verdaderamente varonil, lo hombruno y satánico, lo genial, lo colosal, venía luego, por reacción (puramente imaginaria, porque en realidad no hubo más que evolución y continuación) contra la fase anterior, y culminaba —esto no lo decíamos, pero lo pensábamos secretamente— en nosotros y nuestras obras futuras.

Por eso Stendhal nos deslumbraba. Que nosotros fuésemos tan interesantes como creíamos ser, al cabo, era cosa comprensible, pues habíamos venido al mundo «en la plenitud de los tiempos». Pero Stendhal, nacido en 1783 y muerto en 1842, era un verdadero milagro que se hubiese conservado tan crítico, tan desdeñoso, tan moderno y cerebral, tan limpio de oropeles y requilorios, tan ácido e irónico (*bref*, tan semejante a nosotros), viviendo y escribiendo en pleno desbordamiento de la sensiblería romántica y su verborrea. Cuando repasábamos la vida de Stendhal, con sus ocupaciones burocrático-napoleónicas, sus correrías, su desprecio del vulgo, su soledad iliteraria y su aislamiento interior; y, sobre todo, al enterarnos de que para excitar su vena y entonar su estilo antes de ponerse a escribir no contemplaba los cielos estrellados, ni se mesaba los cabellos, ni entornaba los ojos al claro de luna, sino que, simplemente, genialmente (excéntricamente, diríamos hoy), hojeaba unas áridas páginas del Código Civil y leía algunos de sus artículos, nos parecía que estábamos descubriendo los últimos secretos de la verdadera técnica literaria y que aprendíamos la vida ejemplar de nuestro Bautista.

¡Qué Stendhal tan raro, Señor, el que entonces nos forjábamos a nuestra medida! Y, sobre todo, ¡qué falso! Porque no solamente Stendhal no representa —si se va a la médula de su personalidad literaria— ninguna oposición radical, ni siquiera una simple reacción entre el romanticismo, sino que, por el contrario, es uno de los más formidables románticos que hayan existido jamás, pero encubierto bajo la capa raída de un estilo casi curialesco. Lo original y desconcertante en él es que su romanticismo no es de los que estriban en fórmulas verbales y combinaciones de escenografía, sino que es mucho más grave y hondo, pues brota de las fuentes mismas de la inteligencia, de la sensibilidad y de la imaginación. El estilo de Stendhal nos desorientaba, y aun desorienta y desorientará a muchos, porque hace caer en el engaño de tomar por medida y contención clasicistas, objetivas, marmóreas, aquella nerviosa sequedad cargada de peligrosos e invisibles efluvios interiores, como un manojo de cables eléctricos. Pero cogedlo fuertemente ese estilo y sus terribles sacudidas os revelarán al punto la existencia de la gran dínamo romántica que fue el alma de Stendhal.

Ha habido muchos *estilistas* en el romanticismo: casi todos los escritores románticos lo fueron esencialmente. Pero ha habido muy pocos *psicólogos* en ese curioso movimiento, y el más grande, quizá —mucho más audaz, corrosivo y completo que el Goethe del *Werther*, muy superior al Senancour de *Obermann* e infinitamente más verdadero, menos vacío, que el Chateaubriand de *René*—, fue el Stendhal de *La chartreuse de Parme* y de *Le rouge et le noir.* Si el romanticismo significó —empleando una expresión grata a Spengler— la exaltación literaria del «espíritu fáustico», es decir, del ilimitado deseo, de la insaciable sed que en cierto modo pueden caracterizar al mundo y a la civilización occidentales, ningún otro tipo creado por la novelística moderna es comparable, en ese sentido, al Fabricio del Dongo y al Julián Sorel de Stendhal. Lo que hay es que Stendhal no es un romántico del *renunciamiento*, como casi todos ellos, sino que, como buen discípulo de la escuela napoleónica, es un romántico de la *acción*. Esas aves de presa que son sus personajes más representativos están llenas de todas las quimeras, todas las aberraciones, todas las ansias, todos los imposibles característicos de los tipos románticos al uso, pero vueltos del revés, es decir, enfocados en sentido *dinámico*, y no en actitud *estática*. Los personajes stendhalianos hacen todo lo que los otros tipos románticos suelen renunciar a hacer. Y por eso, precisamente, son más peligrosos y mucho más románticos todavía que aquellos.

Hagamos una prueba: tomad el trozo más romántico de Chateaubriand y, despojándolo pacientemente de su esplendor verbal, de las cascadas de maravillosos sonidos en que aparece envuelto, traducid luego su estructura escueta, su fondo restante, al estilo stendhaliano. ¿Qué os quedará? Muy poca cosa, casi nada. Todo lo más característico habrá desaparecido con la magnificencia del ropaje. Se ve claro que el romanticismo, en ese caso, era un virus de índole esencialmente verbal. Hagamos ahora lo contrario: tomemos un trozo típico de Stendhal y procuremos traducir su esencia al estilo del cantor de *Los mártires.* ¿Qué ocurre? Pues que, si la mezcla fuese equivalente a una combinación química, de tan virulenta, nos estallaría en las manos. ¡El fondo de Stendhal con la forma de Chateaubriand sería un absurdo, un colmo, un monstruo de romanticismo, una cosa verdaderamente insoportable! Y eso prueba que el romanticismo stendhaliano es el más fuerte de ambos, pues no radica en las palabras, sino en la indestructible trama psicológica fundamental. De suerte que la sequedad estilística de Stendhal (que en nuestra mocedad nos parecía providencialmente demoledora del espíritu romántico) no es otra cosa que un vehículo mediante el cual se hace viable y se encubre la mayor carga explosiva que el romanticismo haya jamás acumulado en Francia.

Los jóvenes iconoclastas franceses dirán lo que quieran, pero es muy probable que Stendhal seguirá figurando, a pesar de ellos, como uno de los más formidables contrabandistas psicológicos de la novelística occidental.

Lord Byron*

Las dos lecturas más impresionantes de mi adolescencia —una, por el arrebatado entusiasmo que me produjo y la otra, por la tremenda desilusión que me acarreó— fueron unos poemas de Byron y el *Quijote* de Cervantes.

¿Qué poemas eran esos? Ya no lo sé. Probablemente serían *El Corsario*, *Manfredo*, *Lara* y los primeros cantos del *Childe Harold*. Pero hoy sólo recuerdo que estaban traducidos al castellano en un viejo tomo con numerosas láminas y que yo los leía a hurtadillas, en un colegio de jesuitas, durante los ejercicios espirituales de otoño. He de confesar, francamente, que ni el lugar ni, sobre todo, la ocasión eran los más adecuados para semejante lectura. Pero a los catorce años, regresando de las vacaciones veraniegas y cuando todavía se está como embriagado de pleno aire y pleno sol, ¡es tan triste, tan cruel pasarse ocho días encerrado, en riguroso y sombrío silencio, oyendo pláticas melancólicas y meditando sobre la muerte y la eternidad! Yo, por lo menos, no podía soportarlo, y en las horas de lectura espiritual, después de los desolados recreos en silencio, en vez de la edificante *Vida del beato Juan Bergmans*, o, mejor dicho, a la sombra y a cubierto de ella, para disimular el trueque, sacaba de mi pupitre —¡y que Dios me perdone!— los satánicos poemas de Byron.

¡Qué entusiasmo, qué revelación, qué delirio interior me desasosegaban entonces! Era como si me transportase en alas de inflamada poesía a un mundo mejor, no ya de ensueño, sino al verdadero, al único real, pues toda la vida nuestra, comparada con aquella del libro, era prosa y miseria. Aquellos héroes feroces, aquellos corsarios impíos, tan poderosos, tan fieros, que en las láminas del libro, vestidos a la turca y bajo la luna llena, se cruzaban de brazos con

* «Los centenarios. La obra maestra de Lord Byron», *La Vanguardia*, 23-IV-1924.

provocativa arrogancia, erguidos en la proa de sus navíos piratas, me hacían odiar la triste mansedumbre que me rodeaba, aquella melancólica humanidad colegial compuesta de padres austeros, hermanos disciplinados y escuálidos fámulos que se escurrían a lo largo de los corredores oscuros como sombras por el seno de unas catacumbas. Prefería los soberbios apóstrofes, las terribles imprecaciones y los alaridos diabólicos del escandaloso poeta a las suaves jaculatorias y a las emolientes máximas de nuestro padre espiritual. Las orgías poemáticas me parecían mil veces preferibles a los ayunos y abstinencias, y, sobre todo, a la magra, monótona y agarbanzada pitanza del pensionado. Si me hubiesen preguntado qué prefería ser, jesuita o pirata, habría respondido sin vacilar ni un momento: «¡¡¡pirata!!!». Y era tal mi obcecación, que, embebido en la lectura, muchas veces no advertía que el padre encargado de la guardia escolar se me iba acercando por la espalda, sigilosamente, tal como él mismo solía decirnos que vendría la muerte. Al darme cuenta del peligro, apenas me quedaba el tiempo necesario para hundir precipitadamente el libro de Byron en las profundidades del pupitre, como si lo arrojara al averno. Cuando el padre, al notar el revuelo, se me echaba encima como un ave de presa, me encontraba palpitante, con los brazos cruzados, pero con los ojos brillando de misteriosos ensueños; y al mirar qué libro estaba yo leyendo, debía extrañarse de ver que tanto ardor y tanto desasosiego procediesen de las seráficas páginas donde se cuenta la vida ejemplar del beato Juan Bergman...

•

Al verano siguiente, en la paz de un molino harinero donde pasaba yo mis nuevas vacaciones —entre campos de vid cuajados de cigarras durante las horas del día, y de innumerables grillos durante la noche—, de una pobre biblioteca rural saqué y me prestaron un tomo viejo, in folio, amarillento, encuadernado en pasta, que llevaba por título *El ingenioso hidalgo don Quijote de la Mancha*. Me senté, en pleno aire estival, junto a una mesa rústica —que era una piedra de molino puesta sobre un pie de obra y bajo la densa sombra de unos árboles—, y me puse a leer. En mi vida he experimentado una sensación tan indefinible, tan rara. Entre las líneas de aquel libro famoso entre los más famosos flotaba yo no sé qué raro espíritu agostador y burlón, completamente nuevo para mí, y que me helaba el espíritu. Quise sobreponerme a esa impresión primera; hice verdaderos esfuerzos por seguir adelante. Me parecía que el libro, a pesar de tener yo leídas una veintena de páginas, *no acababa de empezar de veras*. Dije que todas aquellas burlas molestas, aquellos lances y escenas lamentables, y al parecer inútiles, con que comienza la obra, serían una torpeza inicial del autor, pero sin duda acabarían pronto. Con un poco de paciencia, seguramente iba a dar yo en seguida con el verdadero principio de la obra, con aquel capítulo a partir del cual don Quijote realizaría todo lo que tenía prometido y yo esperaba de él, es decir, sus más caros ensueños, que eran también los míos. Pero, como vi que los percances, los palos y las pedradas arreciaban cada vez más, por fin cerré el volumen, profundamente contrariado e indignado. Y hasta unos años más tarde, cuantas veces probé nuevamente de leerlo tuve que dejarlo siempre, con la misma pesadumbre y la misma irritación del primer día. ¿Aquello eran *aventuras*? ¡Vamos, por Dios! ¡*Desventuras* sí, y de las más tontas y vulgares! ¿Y por eso era tan alabado aquel libro? ¿Y por eso a su autor se le tenía por genio?... Cervantes me era profundamente antipático y su *Quijote* me daba verdadero asco. Pero he aquí la huella del tiempo: hoy el *Quijote* me parece la mejor novela del mundo. Y, en cambio, releer a Byron —ahora mismo acabo de probarlo—, francamente, no puedo.

•

La explicación de ese cambio me parece cosa evidente. Byron no fue un gran poeta. Byron fue, sobre todo, una libérrima juventud desbordada. Los versos, la poesía, eran cosa secundaria en él; lo principal era la vida, el goce desenfrenado de la vida. La poesía la usaba con la misma negligencia y el mismo oportunismo con que llevaba un manto ocasional y rozagante que le hacía más bello, más fascinador, más irresistible a las mujeres. Todo cuanto la loca juventud ha imaginado para secar ávidamente la copa placentera, Byron lo hizo y además lo escribió. Por eso sus poemas pueden fascinar a los adolescentes, pero al hombre maduro le hacen sonreír y al crítico le parecen terriblemente marchitos ya, a través de los años que van alejándose de la época romántica.

Tened esto presente: hay escritores cuya vida es superior a su obra y otros cuya obra es superior a su vida. Estos últimos merecen únicamente el título de grandes escritores. A los otros, mejor que escritores, debería llamárseles grandes *vividores*, dando a esta expresión no un sentido menguante, sino un valor pleno, objetivo y activo, brutalmente vital. El prototipo de esa segunda clase de escritores, más vividores que artistas, es Byron. Cervantes, por el contrario, a pesar de la fragmentaria belleza de su vida, fue, también fragmentariamente si se quiere, casualmente, pero al cabo soberanamente, un formidable escritor, ante todo. Byron comenzó a escribir muy pronto, demasiado pronto, y cuando terminó su corta vida, ya estaba hastiado de la literatura. Su ensueño constante no era *poético*, sino *activo*, no de contemplación, sino de acción. Si la fiebre no le hubiese consumido en Missolonghi, en vez de escribir el poema de la resurrección de Grecia, su intento era [sic] el de conquistar, con sus tres mil hombres, las principales poblaciones, entrar en Atenas y hacerse coronar rey de la Hélade. En nuestros días hay un hombre que tiene algo de Byron. Es d'Annunzio; pero este es infinitamente más artista que aquel.

Los versos de Byron —nos lo dicen los mejores técnicos ingleses— son casi siempre malos, muchas veces malísimos. A los que no conocemos lo bastante el inglés, Byron, en su idioma original, nos parece claro y puro, precisamente porque es pobre, descuidado y vulgar. No dejó nada perfecto, a pesar de haber escrito tantísimo. Lo mejor suyo, *Beppo* y *Don Juan*, obras de sus últimos años, más que satisfacer plenamente, hacen soñar en el tesoro bruto que se encierra en ellas. Como poetas puros, Milton, Wordsworth, Shelley, Tennyson y Keats, entre otros, están muy por encima de Byron.

En cambio, lo que de Byron está por encima de todos ellos, y casi de todo el mundo, es su vida. Esta fue, en realidad, su obra verdaderamente maestra y extraordinaria, la esencia del romanticismo vital; no del literario, que es muy frecuente y asequible, sino del activo, más raro y difícil de lo que se cree.

Byron murió, agotado, a los treinta y seis años. Y antes de producir lo mejor de su obra, entre 1816 y 1822, ya había realizado lo más fantástico de su vida. El período culminante de ella, descontando su muerte, fueron aquellos dos famosos años que van desde junio de 1809 hasta agosto do 1811, cuando Byron, entre los veintiuno y los veintitrés años, dio la vuelta al Mediterráneo, socorrió a unas mujeres turcas, fue a ver a *lady* Stanhope, atravesó a nado el Helesponto, asaltó varios serrallos y hasta —como el mismo Goethe creía a ciegas— mató a un hombre a tajos de yatagán y se apoderó de una isla de las Cicladas. «Antes de cantar a los corsarios —dice un biógrafo de Byron—, él mismo lo había sido, Lara y Conrado a un tiempo; había viajado en compañía de una Guiñara disfrazada; había sido el amante de Medora, había dado muerte a Hassan, clavándole un puñal en el pecho, y había combatido en las huestes de Alp, el Renegado». Esta fue su obra, su verdadera obra inimitable.

Y esta fue también su verdadera fuerza de irradiación. Byron llegó a encarnar todo el satanismo romántico de su tiempo. Cometió muchas atrocidades, pero la gente las hizo aún más numerosas y magníficas con la imaginación. En todas partes, su ejemplo, transportándose de la vida al papel, de la realidad a la fantasía, hizo grandes estragos entre dos poetas. Goethe, que además de ser quien fue era un crítico de los más finos y perspicaces, sintió, a pesar de su cauta ancianidad y su robusta grandeza, esa fascinación general, pues no de otro modo puede hoy explicarse su entusiasmo poético por Byron. En Francia., en Italia, en España, en Portugal, todo fueron piratas, orientalismo, cinismo, blasfemias y orgías, a imitación del lord famoso y adorado. Sólo que, en este, casi siempre la vida precedía y sobrepasaba a la imaginación, mientras que entre sus corifeos todo se iba en pura y estéril fantasía (como me ocurrió más tarde a mí, al leer a Byron en un colegio de jesuitas durante la semana de ejercicios espirituales...).

•

Cuatro años después de haber huido de Inglaterra cómo un condenado, como un *outlaw* o pirata en guerra a muerte contra su sociedad natal, Byron sucumbió gloriosamente en Missolonghi, luchando por la independencia griega, el 19 de abril de 1824. Ahora, pues, acaba de cumplirse el primer centenario de su muerte.

En 1915, yendo yo a Grecia embarcado en un decrépito vapor heleno, una vez atravesamos el estrecho paso que el mar abre entre las islas de Cefalonia y Zacinto, divisé a babor, adormecida en la paz de una ensenada que forma la costa, a la izquierda del inmenso golfo de Patras, una población costeña iluminada por el sol poniente. Era pequeña, blanca, y se parecía extraordinariamente a mi villa natal y a todas esas que salpican los divinos bordes de nuestra *costa brava* catalana. Dijeron que tenía unos 15.000 habitantes. Pregunté su nombre y me contestaron: «Missolonghi».

El capitán del buque no me dijo más. Seguramente ignoraba que allí, para defender y libertar a su tierra, había muerto uno de los más famosos poetas y el más formidable romántico de los tiempos modernos.

FIÓDOR DOSTOIEVSKI*

Dostoievski es muy grande ciertamente. Sólo la estupidez o la cerrazón partidista pueden dejar de descubrirse con el mayor asombro, con el mayor respeto, ante la inmensa mole de espiritualidad que la figura del escritor ruso representa en la cordillera literaria del mundo. Pero ¿qué se quiere decir cuando se afirma de Dostoievski no sólo que es grande entre los más grandes, sino que es el mayor de todos, el único?

Un juicio de esta clase puede muy bien ser honrado, sincero; casi diría que debe ser involuntario. Mas es imposible que sea puro: el autor habrá puesto en él todo su entendimiento y, además —a lo mejor sin sentirlo, sin darse cuenta—, toda su personalidad. Cuando el insigne matemático y físico Einstein, por ejemplo, no contento con estimar que *Los hermanos Karamazov* es una de las mejores novelas que se hayan escrito jamás, afirma que «es la mejor de todas», nos pone en guardia, no respecto de la obra, que es indiscutible, sino respecto de sí propio y de sus más íntimas raíces espirituales. ¿Habrá, en efecto, alguna oculta, misteriosa e interesantísima relación entre las teorías antinewtonianas de Einstein y ese amor suyo, exclusivo, por la más antioccidentalista de las novelas y por el más antieuropeo de los hijos de un país que ha producido también las más audaces geometrías antieuclideanas? He aquí un tema de primer orden para una memoria o tesis doctoral.

Como esos montes ingentes o esos ríos caudalosos que por sí solos imponen una frontera natural a dos pueblos vecinos, Dostoievski marca una irremediable separación entre el occidente y el oriente de Europa. No se puede estar a horcajadas sobre la corriente de este río divisor, ni siquiera es posible tender un sólido

* «Pláticas literarias. Humanidades contra barbaridades», *El Sol*, 29-X-1926.

puente de una a otra orilla. Se pertenece a una cualquiera de las dos márgenes, pero no por elección o gusto personal, sino fatalmente, por la herencia y por la sangre, tal como se nace blanco o negro. De cultura y de nacionalidad, todavía es posible variar en la vida. Pero nadie muda de alma. Y es una diferencia, una incompatibilidad anímica, radical, lo que separa al que siente del que siente como Dostoievski.

No hace mucho, al publicar dos interesantes folletones en *El Sol*, un antiguo y acérrimo admirador del gran novelista ruso decía, con plena razón, que la obra de este es como «una piedra de toque para acabar de conocer ciertas almas» y que los devotos incondicionales de Dostoievski van formando ya «una especie de tácita cofradía». Cierto; la aversión o la fascinación espontáneas, instintivas, que un espíritu experimenta por lo que hay de innegablemente grande en Dostoievski lo colocan automáticamente en una u otra orilla del río, en su margen europea o en la antieuropea. Sólo los cretinos de uno y otro bando sentirían la pequeña necesidad de negar la elevación, la amplitud, la imponente robustez de la margen opuesta. Como son cortos de vista, no ven alzarse a lo lejos el acantilado enemigo. En cambio, los inteligentes de ambas partes no sólo se escudriñarán mutuamente con ayuda de los mejores gemelos disponibles, sino que incluso no han de tener ningún reparo, cuando se sorprendan acechándose, en dirigirse —como los antiguos caballeros en guerra— *un grand coup de chapeau.*

Esto no impide que se combatan noblemente y hasta con encarnizamiento. Hay, en efecto, a estas horas, una grande y decisiva batalla entablada en Europa, en el occidente y el centro de Europa, a propósito de Dostoievski, traído y divulgado en alas del huracán bolchevique que sopla del Este. Dostoievski no ha sido realmente bien conocido en Europa hasta la gran traducción alemana de sus obras completas, hecha durante la pasada guerra, y el éxodo de la intelectualidad rusa hacia Occidente, huyendo de la persecución bolchevique. Las demás recientes traducciones parciales, inglesa, francesa, española e italiana, todas han salido, más o menos directamente, de aquella, de la tudesca. La irrupción de esa hostil y formidable figura en la mentalidad occidental ha coincidido, pues, con el momento de máxima depresión del espíritu europeo. Las miserias, los desencantos y las brutalidades de la guerra han hecho vacilar incluso las mejores conciencias, las más firmes e impertérritas. Los débiles o predispuestos recomenzaron a creer en brujas, como en los lejanos e infantiles años del mundo moderno. Y en ese momento tan crítico, precisamente, se ha presentado, con su alucinatorio poder, ese incomparable evocador de toda suerte de fantasmas que se llama Dostoievski. De ahí sus actuales estragos.

Sin embargo, yo tengo confianza en el triunfo final de Occidente. Era justo, era necesario que Europa conociese a fondo a ese gran enemigo de su espíritu. Pero, después de reconocerle y proclamarle como el más poderoso de todos los bárbaros, Europa acabará por sobreponérsele. El cristianismo de Dostoievski es, sin duda alguna, el más genuino, el más puro de nuestros días, aunque trasplantado de las serenas márgenes de Tiberiades a las estepas glaciales. Es una semilla perdida del cristianismo primitivo, conservada en alcohol de mujik. Mas no olvidemos que si el cristianismo auténtico, en sus comienzos, también tuvo una concepción del mundo y un sentido de la vida verdaderamente catastróficos, sólo entró en Europa y se apoderó de ella después de profundas trasformaciones. Los latinos lo trasformamos en catolicismo; los anglosajones, en protestantismo. Y las *élites* representativas de ambas metamorfosis lo convirtieron —mixturándolo con restos de paganismos y para uso exclusivo de los más inteligentes— en esa mezcla deliciosa, equilibrada, insuperada, perfecta, que se llama humanismo, y a la cual debemos todos los frutos más sabrosos de nuestra civilización. A las ráfagas heladas que vengan del nordeste hemos de oponer las auras tibias que nos confortan desde el oeste y el sur. Humanidades contra Barbaridades. Y al emplear esta palabra, con mayúscula, no le doy ni el más leve tono despectivo. Con ella quiero significar todo el respeto y toda la admiración que siento por algo muy fuerte, muy digno de que sea conocido y estudiado a fondo, algo único y genial, pero que, a pesar de ser innegable y hondamente humano, está en los antípodas de nuestra humanidad.

En España, no creo que Dostoievski, ni en general las setas más venenosas de la estepa rusa, ofrezcan ningún peligro. En estas epidemias sólo peligran los no interesantes, los que carecen de personalidad. Lo mismo da que los devore Dostoievski como que lo haga Shaw o D'Annunzio; siempre serán carne de fiera. Pero, además, hace demasiado sol en España. La mística y el realismo castellanos en nada se parecen más que en el nombre genérico a los moscovitas. La radiante benignidad del clima espiritual ibérico nos inmuniza a todos los peninsulares contra los bacilos exóticos procedentes de cielos huraños. Las visiones y alucinaciones de nuestros místicos se efectúan siempre no sobre un fondo plomizo de nieve y de cieno, sino a contraluz de vergeles que trascienden a gloria o de huertos en flor. E incluso los piojos y andrajos en nuestra novela picaresca (y por esto se llama así) están desinfectados por los chorros solares y sobrellevados con profunda socarronería.

No obstante, la literatura rusa por excelencia es, a mi juicio, la que menos conviene todavía a nuestra endeble juventud intelectual. En los primeros y heroicos tiempos de la Residencia de Estudiantes de Madrid, se pensó muy sagazmente que a los mozos españoles les convenía, por encima de todo, en cuanto a higiene corporal, un buen *tub* y un jarro de agua fría todas las mañanas que los desacostumbrase de la tradicional hidrofobia y de la mugrienta sordidez de las casas de huéspedes. En el orden del espíritu necesitamos todavía lo mismo: una fuerte ducha de Humanidades, persistente y diaria, no sólo de las clásicas, griega y latina, sino también de las modernas, la francesa, la italiana, la alemana y la inglesa. Una vez robustecidos previamente con ese ejercicio, que hagan los estudiantes lo que les dé la gana y se inoculen, si les place, toda la demonología espiritual rusoasiática. ¡Antes, no, por Dios! Porque, en punto a demonios de todas clases y cataduras, los españoles harto trabajo tenemos con los que tradicionalmente nos han metido en el cuerpo.

Gustave Flaubert*

El próximo lunes, día 12 de diciembre de 1921, se cumplirá el primer centenario del nacimiento de uno de los más trágicos artistas de la Europa moderna: el escritor francés Gustavo Flaubert.

Flaubert fue un verdadero mártir, pero un mártir de una especie rarísima: un hombre uncido voluntariamente al potro de la literatura. Trabajó más que un gañán, penó más que un forzado, renunció más que un asceta, pasó más angustias que un condenado a muerte. ¿Por qué? ¿Para qué? Para llegar a producir algunas páginas admirables, magníficas, limpias, sonoras, sin tacha, finas como el mármol bruñido, recias y duraderas como el bronce... Y ¿nada más? ¡Nada más!

Pocos son, en verdad, los capaces de comprender este extraño sacrificio, que parece monstruoso y absurdo. Para la inmensa mayoría de los mortales, la vida de Flaubert será eternamente un misterio inasequible. Hay que ser, en cierto modo, cándido como un niño, maniático como un loco, ciego como un amante, áspero como un fanático y orgulloso como un semidiós para torturarse como se torturó Flaubert, el artista implacable.

Flaubert encarna una de las más singulares y características enfermedades intelectuales que produjo el siglo XIX: el morbo literario, el mal de la literatura. Los hombres, antes de entonces, habían practicado de dos suertes distintas el arte literario: o escribieron porque vivieron, o escribieron para vivir; pero el *vivir para escribir*, esa especia de subversión antinatural entre la vida y la literatura, sacrificando aquella a esta y haciendo no que la segunda sea una emanación de la primera, sino su única razón de ser, su justificación exclusiva y absoluta, eso

* «Los centenarios. Un mártir de la literatura», *La Vanguardia*, 7-XII-1921.

es algo puramente moderno. Ni Dante ni Cervantes ni Shakespeare vivieron para escribir, sino que escribieron porque habían vivido. Su labor literaria fue tan sólo una manifestación parcial de su actividad humana. En otros grandes escritores, como Molière, Diderot y Lesage, por ejemplo, es la necesidad de vivir, pero no la necesidad de escribir, lo que esclaviza un tanto su producción literaria. En el mismo caso de Voltaire, con ser tan instintiva y tan honda (tan viciosa casi) su propensión a escribir, la vida del hombre supera en mucho todavía a la actividad del escritor. Debió llegar el siglo XIX para que se produjese ese raro fenómeno de un hombre que se encadena voluntariamente a una pluma; que rehúsa todos los goces terrenales para entregarse en cuerpo y alma al exclusivo placer de ir ensartando palabras trabajosamente, con una paciencia de benedictino, un sudor de presidiario y unas congojas de agonizante; que llega a sugestionarse hasta el punto de creer que esa labor de condenado es lo único que debe hacerse en el mundo; en una palabra, que renuncia a vivir para poder escribir.

Esta enfermedad ha hecho innumerables víctimas. Varias generaciones literarias la han sufrido y aun la están sufriendo. La literatura *a priori*, la literatura a todo trance, la literatura por la literatura misma, la vida, en fin, por la literatura, ha sido, es y seguirá siendo una aberración característica, una singularidad de nuestros tiempos. Al salir del aula de retórica, al encararse con la vida, y hasta sin encararse siquiera con ella, los aspirantes a escritor no se preguntan «¿qué haremos?», sino «¿qué escribiremos?». El mundo, en su variedad inagotable, en sus infinitos aspectos, en la inmensa y profusa riqueza de goces y dolores vivos que encierra, se les aparece reducido a un montón de cuartillas que es absolutamente necesario llenar.

Yo entiendo que un hombre de letras ha de ser hombre antes que literato. Es decir, el ideal literario nos lo dieron, con su ejemplo, aquellos grandes *vividores* —Dante, Cervantes, Goethe— que fueron al mismo tiempo, y sólo por añadidura, grandes escritores. Pero, a no ser esto posible, si se me presentase el dilema rotundo de escoger entre vivir o escribir, yo arrojaría la pluma para agarrarme a la vida. Se me dirá que no amo la gloria. No es eso: es que, para mí, no hay gloria mayor que la de vivir. Y entre el riesgo de pasar obscuro a la posteridad tras una vida clara y el de creer que pasaré a la posteridad tras una vida obscura, me parece más humano, mejor y más cierto el primero.

Porque ¿acaso creéis de verás que la posteridad es de aquellos que andan persiguiéndola con incansable afán? ¿Estamos seguros de que Flaubert, por ejemplo, logrará, después de tantas congojas y amarguras, alcanzarla plenamente? Hace tan sólo 41 años que murió ese mártir de la literatura. Y de sus obras, horriblemente edificadas, sólo una queda intacta y todavía en pie: *Madame Bovary*. En cambio, *Salambó, La tentación de san Antonio, Bouvard et Pécuchet* o *La educación sentimental* parecen ya sobrecargadas: artificiosas, retóricas, barrocas, unas; lentas, frías, interminables, otras. De los *Tres cuentos* famosos, se sostienen dos; el tercero se ha marchitado espantosamente. Estos días he sentido un profundo terror al repasar la obra flaubertiana y al leer lo que de ella andan diciendo los actuales críticos franceses. Y me he refugiado en su *Correspondencia*, que es, quizá, sin que Flaubert se diese cuenta de ello, lo mejor de su obra, porque es lo mejor de su vida.

En cambio, pasan años y siglos y aquel *Quijote* que Cervantes escribió sin saber lo que hacía; aquella divina locura que el abate Prévost insertó al azar en sus interminables y soporíferas *Mémoires d'un jeune homme de qualité* —la historia de Manon Lescaut—; aquella estupenda improvisación de Diderot, *Le neveu de Rameau*, que parece taquigrafiada sobre una mesa de café turbulento, entre charlatanes y jugadores de naipes; esas obras casi involuntarias, impremeditadas, siguen flotando maravillosamente, ágiles, vivas, ingrávidas, más luminosas cuanto más envejecen, simples navecillas hechas Dios sabe cómo, con un corcho, un palo y un trapo, mientras en torno suyo naufragan, uno tras otro, los grandes trasatlánticos y los *superdreadnoughts* más aparatosos de la literatura.

Flaubert es el caso del hombre que se juega la vida por la inmortalidad literaria. ¿Vale la pena de jugar algo tan bello y seguro por algo tan turbio e incierto?

Henrik Ibsen[*]

Esta vez nos es dado pillar in fraganti uno de los más viejos trucos de que se vale el mundo para deshacerse de los grandes hombres y al mismo tiempo glorificarlos hipócritamente. El juego de manos consiste, ha consistido y consistirá siempre en atar al genio por todos lados durante su vida; amordazarlo, dejarlo sin movimiento a fuerza de ligaduras y cadenas de convencionalismos; envolverlo después con el manto negro de todos los prejuicios; y confiarlo, finalmente, a la varita mágica de esa prestidigitadora incomparable que se llama la Posteridad. Esta desata, resucita y transfigura bonitamente al genio cuando ya no hay peligro alguno de que pueda ofender ni en lo más mínimo al respetable público. Y todo el mundo queda satisfecho y con la boca abierta.

Véase la mejor prensa europea de estos días, y luego habrá que ver todavía la que nos llegue de América. El primer centenario del nacimiento de Ibsen parece un acontecimiento internacional. El retrato del gran maestro noruego —nacido en 20 de marzo de 1828 en Skien, pequeña ciudad acurrucada al pie de un monte árido, en un valle angosto y a la orilla de un fiord— figura hoy en todos los periódicos ilustrados y las alabanzas de Ibsen se cantan en todos los idiomas. Sin embargo... Si cogiésemos la prensa de hace algunos años, esa misma que ahora glorifica al poeta escandinavo, no hallaríamos para él, que aún vivía y producía, nada más que hostilidad y silencio. Ibsen fue en vida el dramaturgo más atacado e incomprendido de todos los tiempos. En su patria fracasó continua y ruidosamente. Ni sus mejores ni sus últimas obras (cuando ya la gloria que aureolaba al anciano escritor parecía deber fascinar y desarmar a sus paisanos) fueron acogidas nunca, en Noruega, con entusiasmo. En Alemania, primero; en

[*] «En el centenario de Ibsen. La transfiguración», *La Vanguardia*, 23-III-1928.

Francia, Inglaterra, Italia y España, después, el teatro de Ibsen sirvió de bandera para los jóvenes iconoclastas e interesó realmente a un número muy reducido de intelectuales. El público, las masas, lo recibieron siempre y en todas partes con frialdad, en los mejores casos, porque a menudo lo tomaron a broma o lo reputaron de extravagancia y locura. Y hoy, después de haber levantado por el mundo más rumores que aplausos durante algunos años, la producción ibseniana ha desaparecido casi por completo de las grandes escenas europeas. Sólo la tienen en cuenta, para su propio lucimiento personal, algún actor o alguna actriz de fama. Las nuevas generaciones literarias desconocen a Ibsen[1].

Los más enterados entre la juventud lo reputan de antigualla. Al público en general le tiene sin cuidado. Esta es la pura verdad.

Y lo estupendo resulta, pues, que ahora, precisamente ahora, Enrique Ibsen sea más glorioso que nunca. Mientras vivió, trabajó y creó encarnizadamente, todo el mundo le volvía la espalda. Ahora que ya nadie lo discute, por la sencilla razón de que apenas nadie le conoce, el mundo entero se entrega rendido a sus pies. ¡Ah, la portentosa transfiguración! ¡El solitario, el individualista más feroz que jamás haya existido, el enemigo irreductible de la hipocresía social y de todas sus componendas, trocado en un santo, en un adorno o figura decorativa del calendario de hombres ilustres para 1928! Aquel volcán polar, de inextinguibles lavas, está convertido en una estatua de hielo, en una efigie académica. De todas partes acuden a darle incienso y colgarle bandas y condecoraciones. ¡Es increíble! Hay que pasarse una y otra vez la mano por los ojos ante un espectáculo tan inverosímil. Porque, el que esto escribe, siendo un mozo inexperto, una noche en que se representaba por primera vez en Barcelona, y ya no sé en qué idioma, la *Casa de muñecas* (si no recuerdo mal), desde el paraíso del teatro fue a parar nada menos que a la delegación de policía, junto con otros jóvenes melenudos,

[1] Si a alguien, creyéndolo justo, le asaltase el deseo de reparar la falta, le recomiendo la lectura de un libro global y excelente: *El tesoro dramático de Henrik Ibsen,* de Salvador Albert, que fue publicado hace ya algunos años en la interesantísima y malograda Biblioteca de Cultura Moderna y Contemporánea, dirigida y editada por Santiago Valentí y Camp. (N. de Gaziel)

ibsenistas acérrimos, que ante la burguesa protesta de la platea habían aclamado escandalosamente a su ídolo, apostrofando de paso a algunas instituciones y desobedeciendo con desdén olímpico a la prosaica autoridad de los municipales. Y lo vertiginoso es comprobar que, menos de treinta años después, a quien se procesaría casi en estos días es al que se atreviese a discutir la inmortalidad de Ibsen, oficial e internacionalmente declarada de utilidad pública: ¡casi lo mismo que un agua mineral!

¿Qué ha ocurrido? Hay que atreverse a decirlo: ha ocurrido que tanto Enrique Ibsen como su obra han muerto. Han muerto completamente para la generalidad. Por esto se ha hecho ya posible que la generalidad los acepte, como ella acepta siempre, sin examen ni parecer propio alguno. Se han vuelto internacionales a fuerza —y a condición— de no interesar ya a nadie más que a los poquísimos capaces de comprenderlos y amarlos. Si hoy día Ibsen todavía viviese y crease, volvería a encontrar la misma irreductible resistencia, las mismas protestas, los mismos odios y escarnios que le prodigaron sus contemporáneos. No es que él haya conseguido, al fin y póstumamente, convencer al mundo. Es que lo ha dejado en paz. Ahora lo glorifican de oídas porque no lo conocen. Pues, para lograr la admiración unánime de que se compone la inmortalidad terrenal, se necesita que la inmensa mayoría ignore por completo lo que admira. Los contemporáneos de los grandes hombres redentores, reformadores o revolucionarios, no pueden admirarlos; antes, por el contrario, los odian ferozmente, porque saben muy bien lo que pretenden de la colectividad, y esta, rutinaria, viciosa, egoísta y sin alas, se defiende siempre con saña contra los que se empeñan en juzgarla para redimirla. La glorificación sólo comienza cuando, olvidada la lucha y muertos los luchadores, ya nadie sabe a punto fijo de qué se trataba.

Entonces es cuando realiza sus maravillosas transfiguraciones la varita mágica de la Posteridad. El caso de Ibsen, para los que hoy nos hallamos en la madurez de la vida, es admirable y único, porque nos permite abarcar plenamente todo el proceso de esa curiosa tramoya. Por lo general, la corta vida humana sólo permite a los individuos asistir a una de las dos fases opuestas: a la pasión en vida, o a la transfiguración *post mortem* del héroe. A todos los grandes hombres pretéritos aprendemos a conocerlos ya transfigurados. Y los que lo serán mañana no nos producen ahora ninguna fascinación, porque los vemos cotidianamente como simples mortales que van subiendo con afán su respectivo calvario. Pero hoy, las cosas corren ya tan deprisa que en pocos años hemos podido contemplar todo el milagro de escenografía realizado en torno a la figura de Ibsen.

Hemos podido ver el montaje de bastidores, la substitución de bambalinas, el juego de luces: todo lo que contribuye a «dar el cambio» al respetable público. Ibsen, con todo esto, parece como si se nos escapase un poco de las manos, como esos íntimos compañeros y maestros de juventud que luego se meten en política y se convierten en personajes ligeramente ridículos. Ahora, el gran maestro noruego ya está en el Olimpo. Se formará un culto en torno a su memoria y, por poco que valga la pena, se practicará en nombre suyo todo lo contrario de lo que él enseñó... Nosotros, por años que vivamos, preferiremos siempre recordarlo como en aquellos remotos tiempos en que, por culpa suya, fuimos a parar cosa de media hora en la delegación de policía.

Lev Tolstoi[*]

Para distraer los ocios de una convalecencia pasada a la orilla del mar, entre solicitudes familiares, amistades añejas y la contemplación luminosa, incomparablemente serena, de mi costa natal, acabo de leer desde el principio hasta el fin, con largas pausas intermedias y no pocas reflexiones, un libro extranjero compuesto de anécdotas y escenas tomadas directamente de la Revolución rusa. De este libro, que a no tardar aparecerá en Barcelona traducido al castellano, entresaco un episodio significativo, admirable, ejemplar.

Después de recorrer las regiones de Petrogrado, Moscú y Vólogda, en pleno régimen bolchevique; después de constatar a cada paso los enormes estragos que la Revolución causó en Rusia, las pérdidas materiales sin cuento y la completa ruina del sentimiento nacional, el viajero, un cronista francés, tuvo la peregrina y feliz ocurrencia de dirigirse a Yásnaia Poliana —el célebre retiro campestre donde León Tolstoi residió tantos años— para averiguar qué había sido de la familia y los bienes del gran escritor a través del cataclismo que no ha dejado en Rusia títere ni personalidad con cabeza. Algunos periódicos de la Europa occidental habían echado a volar la espantosa noticia de que la tumba de Tolstoi fue profanada por hordas bárbaras y sacrílegas. ¿Qué había de cierto en ese tal rumor?

Hace poco más de un año, a primeros de junio de 1918, el cronista francés llegaba una tarde a la estación de Sosiesko, la más próxima al retiro de Yásnaia Poliana. El cielo estaba encapotado y el frío era intenso. Al salir de la estación, el viajero atravesó la aldea de Sosiesko, compuesta de lindos chalets de madera acurrucados entre silenciosos jardines, y, sin hallar alma viviente, salió a campo

[*] «Una sombra tutelar. El recuerdo de Tolstoi», *La Vanguardia*, 10-IX-1919, 17-IX-1919 y 24-IX-1919.

raso, desentumeció las piernas y echó a andar por un estrecho camino vecinal, completamente desierto y barrido por las ráfagas heladas del viento.

El paisaje no recordaba ni por asomo la monótona desolación de las llanuras rusas. Una serie de colinas ondulaban a derecha e izquierda, cubiertas de praderas o de bosques espesos. Las finas siluetas de los pinos silvestres destacaban verticalmente sobre el fondo sombrío y acolchado del cielo. Después de andar varios kilómetros, el cronista llegó a la orilla de un bosque de abedules. Dos torres enanas de ladrillo rojo, mal encaladas y cubiertas con un capuchón metálico pintado de verde, indicaban el acceso convencional a un parque en el que podía entrarse por cualquier lado, porque estaba abierto a los cuatro vientos, sin murallas ni cerca de ninguna clase. Era el parque de Yásnaia Poliana. Mientras el visitante avanzaba por una avenida orlada de árboles centenarios, cuyas ramas cansadas se hundían en la superficie inmóvil del estanque continuo, en la brumosa quietud del aire comenzaron a revolotear densos copos de nieve. El viajero se quedó pasmado al sentir la suave impresión de paz y de profundo sosiego que invadía su alma.

Salió a recibirle la hija de Tolstoi, Tatiana Sukhotina, y le introdujo en la casita blanca donde el gran escritor estableció, en 1861 —cuando la esclavitud fue abolida por Alejandro II—, una escuela para niños campesinos de la comarca. Apenas traspasado el zaguán, cambiadas las primeras palabras, el visitante se dio cuenta de que la paz sentida al llegar no era completa. En el manso retiro de Tolstoi también los corazones humanos palpitaban de angustia y zozobra. Yásnaia Poliana se hallaba convertida en un verdadero refugio. Además de la viuda de Tolstoi, que residía habitualmente en la quinta, se encontraban a la sazón en ella todos los hijos y nietos del escritor que habían logrado escapar de sus propias haciendas, huyendo del furor bolchevique. La señora Sukhotina, la misma que salió a recibir al cronista, era una víctima de la anarquía reinante en los campos. Su propiedad de Kotcheti había sido saqueada por las hordas rebeldes. Las ricas colecciones de armas antiguas que poseía, los trajes tradicionales, los bordados seculares, las joyas, los edificios mismos, los establos y huertos fueron robados o completamente destruidos y los campesinos asaltantes se repartieron luego las tierras.

Otro de los refugiados a toda prisa en Yásnaia Poliana era el príncipe Obolensky, casado con una segunda hija de Tolstoi. El príncipe, con su esposa y sus cuatro pequeñuelos, se hallaban también en la casa. Una noche de octubre de 1917, al estallar la Revolución bolchevique, los campesinos asaltaron el cortijo solariego donde vivía la familia Obolensky. Apenas quedó tiempo para huir. Debieron echar mano de un carricoche rural, donde se apretujaron todos, y andar toda la noche entre sobresaltos continuos, hasta que al amanecer llegaron a Yásnaia Poliana. Durante el camino no vieron más que grupos armados de campesinos vagando en la sombra, y a lo lejos, en torno de los caseríos dispersos, siniestros resplandores de incendio. En el solar de Obolensky, los rebeldes quemaron la biblioteca y el archivo doméstico, donde se guardaban vulnerables y preciosos documentos.

Es de notar que el príncipe había vivido siempre en cordiales relaciones con sus deudos. Era un convencido de las doctrinas tolstoianas y las llevaba generosamente a la práctica. Ya mucho antes de la Revolución y de la guerra, el príncipe había vendido a precios irrisorios la mayor parte de su hacienda, reservándose tan sólo una pequeña extensión de tierra para su familia y un cortejo modesto. Repetidas veces, los campesinos le testimoniaron su profunda gratitud, asegurándole un afecto eterno. Pero al estallar la Revolución bolchevique y al decretarse el reparto de tierras, olvidaron todas sus deudas y promesas en un momento. Las predicaciones en boga aconsejaban no sólo desposeer a los propietarios, sino destruir sus bienes, pegar fuego a sus casas y asesinarles. Era necesario, decían, «aniquilar los nidos de la burguesía rural» y aventar las cenizas para que no quedase ni huella del pasado. Los campesinos, embriagados por el reparto de alcohol y ciegos de insana codicia, seguían estos consejos al pie de la letra.

Desde septiembre de 1917 hasta enero de 1918, toda la región de Tula, donde se halla enclavada la finca de Yásnaia Poliana, fue saqueada de uno a otro extremo. En las haciendas cuyos cortijos señoriales eran de madera, los incendios fueron tan violentos que no dejaron ni rastro de los edificios. En vano Lenin dio la orden de restituir a sus propietarios los bienes robados. Como el dictador bolchevique se guardaba muy bien de mandar la guardia roja a que hiciese cumplir sus decretos, los campesinos se burlaban de ellos. Además de las tierras, se repartieron los caballos, el ganado lanar y vacuno, la maquinaria agrícola, los enseres de labranza y hasta las piedras sacadas de las ruinas. El gobernador de Tula envió algunos soldados no para proteger a las víctimas, sino para arrancar a los usurpadores el botín, robando a su vez lo robado. Pero los campesinos, gracias a los desertores del frente de batalla, estaban armados de fusiles y hasta de ametralladoras. Recibieron a los soldados a tiro limpio, les pusieron en fuga, pasaron a cuchillo a los prisioneros y continuaron guardando el botín. Nadie era capaz de ponerles a raya. Dos propietarios de otras tantas haciendas resistieron durante dos meses, con la ayuda de algunas tropas antibolcheviques, el desenfrenado asedio de los campesinos. Por fin sucumbieron, y de sus lindas casas de campo, defendidas con tanto heroísmo, no quedó piedra sobre piedra.

Pero he aquí el inaudito fenómeno. Toda la región de Tula fue devastada a sangre y fuego. No quedó huerto sano ni edificio en pie. Y lo que no pudieron lograr las resistencias más encarnizadas, las amenazas, las tropas, los buenos consejos, la voz de la conciencia ni las mismas órdenes terminantes del propio Gobierno revolucionario, lo alcanzó la simple memoria sagrada, el recuerdo mágicamente benigno de un pobre escritor muerto hace años. Al acercarse a la heredad de Tolstoi, donde reside su viuda y en cuyo bosque contiguo descansan los restos mortales del gran defensor de los humildes, las hordas ebrias y enfurecidas se sentían paralizadas por el temor de un hondo, instintivo respeto. Al empezar los disturbios agrarios, en 1917, el Gobierno de Kerensky mandó una guardia de cien soldados para proteger Yásnaia Poliana. No fue necesaria. Al poco tiempo se disolvió el pelotón, cansado de permanecer inactivo, y la heredad de Tolstoi continuó siendo respetada por los rebeldes. En el parque abierto no se tocó un solo árbol; en toda la propiedad no fue robada ni una brizna de paja.

Los propios hijos y nietos de Tolstoi, perseguidos en sus tierras por los revolucionarios, al entrar en la casa del abuelo ilustre hallaban un amparo seguro, un sosiego maravilloso y cordial.

Cuando el cronista llegó a Yásnaia Poliana, quedaban sólo siete guardias del centenar que, en sus días, mandara Kerensky. A estos siete les dijeron que su regimiento había sido desmovilizado y, por lo tanto, podían regresar a sus casas. Pero ellos prefirieron quedarse; el cronista les vio jugar tranquilamente al cróquet en el parque, olvidados del mundo y de la revolución, dichosos de poder gozar la serena quietud de Yásnaia Poliana. El Gobierno bolchevique mandó instalar en la casa una línea telefónica para poder comunicar a las autoridades cualquier agresión imprevista. Pero el teléfono sirve tan sólo para que la condesa Tolstoi pueda recibir cada tarde noticias frescas de Moscú.

En la inmensidad de las tierras devastadas por el huracán bolchevique, la heredad de Yásnaia Poliana es como un oasis de templanza y resignaciones apacibles, protegido por la sombra tutelar del gran muerto.

•

La residencia Yásnaia Poliana se compone de un espacioso caserón enjalbegado y de algunos pequeños cobertizos anexos. El edificio principal está circundado por una galería abierta, de madera, cuyos barrocos adornos el mismo León Tolstoi se entretuvo en tallar con sus manos. El gran escritor nació en esta casa y pasó en ella la mayor parte de su larga vida. En el primer piso se halla instalada, tal como la dejó al morir, la copiosa biblioteca de Tolstoi, compuesta de 17.000 volúmenes que ocupan completamente varias cámaras. Nuestro cronista fue recibido en una de ellas por la condesa Tolstoi, sentada ante una máquina de escribir y copiando en limpio las cartas que su marido escribió a una de sus hijas.

La condesa Tolstoi cuenta en la actualidad unos setenta y cinco años. Su aspecto es vivo y animoso. Cuando Tolstoi pidió su mano, la futura condesa había salido apenas de la adolescencia. Su vida entera ha estado consagrada al excelso escritor. En la época de su casamiento, Tolstoi decía a un amigo suyo esta frase apasionada y ferviente: «Preferiría pegarme un tiro antes que renunciar a esa mujer que ha de labrar la dicha de mi existencia». Tolstoi no se engañó en lo más mínimo. Su esposa fue el encanto sereno y nunca fallido que suavizó sus continuas y esforzadas labores. Y aun después de muerto, la solicitud inquebrantable de su esposa prosigue velando cariñosamente la herencia espiritual que dejó. La condesa ha recogido, uno a uno, los pensamientos dispersos y los trabajos todavía inéditos de Tolstoi. A pesar de la agitación bolchevique, en Moscú se prepara una edición completa de las obras del maestro, con toda su correspondencia; constará de unos veinte volúmenes. El régimen zarista se había negado constantemente a autorizar esta edición completa y definitiva.

La condesa Tolstoi viste casi siempre una túnica azul marino, elegante por su sencillez, realzada con un cuello de blonda blanquísima. Lleva un collar de perlas, pendientes de brillantes y un lindo broche de plata. Ha tenido trece hijos. Sus cabellos grises comienzan a blanquear apenas. Habla el francés admirablemente.

Después de saludar a su huésped, la condesa le invita a visitar el dormitorio y el despacho de Tolstoi, el «santuario» de Yásnaia Poliana, donde todo se conserva exactamente tal como lo dejó su dueño al partir de la mansión para siempre. Las dos estancias son pequeñas, de una sobriedad rústica y apacible, con los muros cubiertos de cal. En el dormitorio hay una estrecha cama de hierro, dos sillones y algunas sillas de enea. Sobre la cabecera de la cama está suspendido un retrato de Tatiana, la hija mayor de Tolstoi, cuando era muy joven todavía. La estancia parece, por su austeridad, la celda de un benedictino. Tolstoi, sin embargo, la consideraba demasiado confortable. Una noche de octubre, presa de íntimos remordimientos, a las tres de la madrugada huyó en busca de un refugio más modesto, más duro. Y ya no volvió nunca más a su celda.

El despacho o gabinete de trabajo es también de una sencillez extremada. Hay en él una ancha mesa, cubierta con tapate verde, abarrotada de libros y de revistas; un canapé antiquísimo, de hule negro, sobre el que nació Tolstoi; y, esparcida por las paredes, una serie de fotografías de obras de un pintor campesino, representando la vida misérrima de los mujiks durante el antiguo régimen zarista: composiciones intencionadas, acerbas, que muestran a los campesinos víctimas de los usureros, los recaudadores de impuestos y los esbirros. Entre esos cuadros hay varios retratos de familia y de algunos amigos, destacando el de Henri Georges, el famoso sociólogo norteamericano a quien tanto admiraba Tolstoi.

Colgando de un armario de madera blanca que sirve de biblioteca, hay dos coronas, una de espinas, otra de hierro. La primera fue ofrecida a Tolstoi, en días de prueba, por los mujiks de una aldea del Cáucaso. La segunda, adornada con un lazo rojo, la trajeron no hace mucho los prisioneros austríacos que trabajaban en la comarca después de estallar la Revolución, declarando que el genio de Tolstoi pertenecía, por su humanidad, a todos los pueblos del mundo.

Fue aquí, en este silencioso gabinete, donde Tolstoi pasó los diez postreros años de su vida y escribió sus últimas obras. Cerca de la mesa de trabajo y sostenidos por una recia tabla clavada en el muro están los libros que el maestro solía consultar más a menudo. Entre los que yacen sobre la mesa, los últimos hojeados por Tolstoi, figuran: *La poétique nouvelle*, de Della Rocca de Vergalo; *Der Socialist*; *Qu'est-ce qu'un anarchiste ?*; el Corán; las *Analytical Concordance to the Bible*, de R. Young, y las obras de Kant. Tolstoi gozaba de una memoria prodigiosa y de una extraordinaria facultad de atención. Podía leer dos y tres tomos diarios y recordaba con toda fidelidad sus lecturas.

Al anochecer, la familia Tolstoi invitó a su huésped a compartir la mesa patriarcal. El comedor estaba inundado por la luz del crepúsculo, cuyos rojizos destellos entraban a raudales por las claras ventanas que dominaban la inmensidad de los campos. De los muros colgaban algunos cuadros debidos a los famosos pintores modernos de Rusia. Presidiendo la cena, fuertemente iluminado por el resplandor del ocaso, había un gran retrato de Tolstoi en plena juventud, vistiendo blusa de campesino, con su barba hirsuta y castaña, los ojos vivos, la frente ancha y poderosa, nublada ya por una secreta e íntima melancolía.

¿Qué habría pensado Tolstoi, caso de poder presenciarla, de la Revolución bolchevique? He aquí una pregunta inútil, pero inquietante. A Tolstoi le repugnaban instintivamente la efusión de sangre y la violencia. La revolución de 1905, durante la cual no hubo en los campos matanzas ni asesinatos de propietarios, sino tan sólo algunos saqueos dispersos, ya entristeció profundamente al escritor. Hoy, ante la convulsión bolchevista, su amor entrañable por los campesinos habría sufrido una prueba durísima, al oír relatar las innumerables atrocidades cometidas por los mujiks en torno mismo de Yásnaia Poliana y en las propias haciendas de los hijos y yernos de Tolstoi. Parece indudable, pues, que el patriarca solitario de Yásnaia Poliana habría abominado los procedimientos puestos en práctica por Lenin y Trotski, con la misma espiritualidad e irreductible energía que empleó en combatir las enormes torpezas del régimen imperial.

Sin embargo, los horrores maximalistas hubieran entristecido probablemente a Tolstoi, pero es seguro que no le habrían extrañado. El escritor estaba tan convencido de la monstruosidad del régimen zarista; tan bien informado de su inaudita podredumbre; tan seguro de que un cúmulo semejante de errores criminales, egoísmos sin freno y concupiscencias increíbles sólo podía conducir a una espantosa catástrofe, que desde mucho antes de estallar el bolcheviquismo y aun de que ni siquiera pudiese preverse como lejanamente posible, Tolstoi ya llegó a entreverlo y casi a profetizarlo. En una de sus cartas todavía inéditas, escrita después de la revolución fracasada de 1905-1906, Tolstoi decía lo siguiente: «La revolución rusa no ha terminado aún. El enorme Estado amenaza ruina y se disgrega por sí mismo. Es como un templo gigantesco cuyos fundamentos ceden y que es preciso derribar por completo para reconstruirlo otra vez, piedra por piedra. Pero esta tarea es larguísima, y hasta podría suceder que no tuviésemos piedra bastante para reconstruirlo todo... Durante la revolución [se refiere a la tentativa de 1905] se han destacado en Rusia tres categorías de hombres, con todas sus cualidades y defectos: primero, los conservadores, que sólo ansían la paz, la continuación de una paz que les es muy grata porque no tienen necesidad de cambio alguno; segundo, los revolucionarios, que pretenden cambiarlo todo y tienen la audacia de querer fijar cuáles deben ser las reformas necesarias. Estos no tendrán ningún escrúpulo en echar mano de la violencia para realizar su programa porque, por su parte, tampoco temen los sufrimientos ni las privaciones. Sus defectos son la temeridad, la audacia y la crueldad; sus cualidades, la energía y la resignación con que aceptan los sacrificios dolorosos para alcanzar lo que les parece ser garantía máxima de felicidad universal; y tercero, los liberales, que no tienen ni la poquedad de los conservadores ni el espíritu de sacrificio de los revolucionarios, pero en cambio reúnen el egoísmo, la estrechez de espíritu de los primeros y la soberbia de los segundos».

Esta carta es sencillamente admirable. Basta conocer a la ligera la composición política de Rusia en vísperas del actual cataclismo y durante su desarrollo para darse cuenta de la profundidad del análisis tolstoiano y la seguridad magistral con que caracteriza, en pocas palabras, la fisonomía de los tres grandes grupos contendientes: la ceguera irreductible de los conservadores, que no supieron evolucionar a tiempo y continuaron encenagados en su marasmo suicida, hasta que la avalancha revolucionaria les barrió con un ímpetu arrollador, implacable; la petulancia de los liberales, cargados de lirismo y desprovistos de energía, mitad histriones y mitad soñadores, con graves vicios y sin ninguna de la grandes virtudes de un partido capacitado para imponerse y gobernar; y, finalmente, los revolucionarios radicales, con sus enormes defectos y sus *cualidades* peores todavía, ebrios de odio y fanáticos hasta la barbarie.

De haber asistido a la revolución, es probable que Tolstoi no hubiera figurado en ninguno de los tres grupos que tan certeramente juzgaba. Su más recóndito parecer sobre las posibilidades de una revolución rusa, quizá, se le escapó en esta frase, que ya hemos transcrito, admirable por su penetración y cuajada de infinita tristeza: «...y hasta podría suceder que (una vez derribado lo existente) no tuviésemos piedra bastante para reconstruirlo todo». Cuando un hombre dice cosas como esta, ya no hay necesidad de preguntarle más.

Tolstoi habría contemplado la actual revolución de su pueblo con una pesadumbre sin límites. Y quizás se limitase a murmurar a sus íntimos lo que nadie como él tenía derecho a decir: «Ya lo advertí cuando aún no era tarde».

•

El hecho de haber sido respetada la heredad de Tolstoi contrasta tan radicalmente con las innúmeras atrocidades cometidas por los mujiks rebeldes en torno de Yásnaia Poliana que cabe preguntarse si aquella extraordinaria inmunidad fue debida realmente a la veneración que la memoria del gran escritor infundía en las turbas campesinas o no obedeció a otra cosa que a la pura casualidad, a la eterna incongruencia con que siempre se desarrollaron los ímpetus revolucionarios.

En toda la comarca de Tula, donde se halla situada Yásnaia Poliana, menudearon las escenas de terror y barbarie. A un rico propietario, después de asesinarle sin motivo alguno a su hijo, le obligaron a seguir durante largo trecho el cadáver arrastrado por el fango de una carretera. Al príncipe Wasenski —perteneciente a una familia liberal que había edificado escuelas y hospitales para los campesinos— le arrancaron los ojos; y al caer desvanecido, las turbas le pisotearon, bailando sobre su cuerpo. Las mujeres aldeanas parecían poseídas de un furor diabólico, de una suerte de sonambulismo anárquico. Una de las víctimas ha referido esta escena casi inverosímil: «Me hallaba —dice— en mi estancia, bordando tranquilamente, cuando se presentaron de improviso una docena de aldeanas, todas conocidas mías y con las cuales me hallaba ligada desde mi más tierna infancia por una íntima y entrañable relación de afecto. Entraron como una tromba, gesticulando y gritando. «¡Dios mío! —exclamaban—. ¡Qué cosas ocurren, María Yohanovna! ¡Es horrible, es horrible!». Y mientras decían esto, sin darme explicación alguna ni tiempo para pedírsela, presas de un furor indecible, comenzaron a saquear la casa de arriba a abajo, acompañando sus actos con grandes voces lastimeras. Una desapareció con el samovar; otra se llevó los cortinajes, después de arrancarlos a tirones; una tercera abrió un cajón, hurgando cuanto había dentro. En un santiamén y antes de que yo pudiese despegar los labios, cerrados por el estupor, mi cuarto quedó completamente vacío».

Fue tanto lo que llegaron a robar los campesinos que la influencia del botín se hizo sentir en las costumbres. Las mujeres aldeanas usan blusas de seda, vestidos de baile, zapatos de raso y joyas. En las cabañas de los labradores se esconden centenares de millones de rublos, hundidos bajo tierra para que el gobierno maximalista no pueda encontrarlos. Los muebles costosos fueron vendidos en los encantes o aniquilados. Dos magníficas telas de Boucher se pudieron comprar por cien rublos.

Lo característico de estas fechorías es que no perdonaron nada ni a nadie, ni siquiera a los miembros de la familia Tolstoi que vivían alejados de Yásnaia Poliana. Ya indicamos anteriormente que una hija y un yerno de Tolstoi, la señora Sukhotina y el príncipe Obolensky, debieron huir a toda prisa de sus tierras saqueadas por los campesinos. Otro tanto le ocurrió a la viuda del conde Sergio Tolstoi, hermano del escritor, expulsada de sus posesiones de Tula a los ochenta y cuatro años de edad, después de haber empleado más de cincuenta en favorecer a sus colonos. La anciana señora, amenazada de muerte, sólo pudo llevar consigo un maletín de viaje y un abrigo de pieles; y aun le fueron robados por los mujiks cuando atravesaba el jardín de su casa abandonada para siempre. ¿Cómo se compagina este tratamiento con la absoluta seguridad que se gozaba en Yásnaia Poliana? ¿Por qué esos miembros de la familia Tolstoi, que al hallarse dispersos se veían brutalmente perseguidos, encontraban al agruparse bajo el techo de Yásnaia Poliana un refugio seguro y una paz inefable? ¿Era por pura casualidad?, ¿porque los campesinos se olvidaban de perseguirles y acorralarles en su último asilo? De ningún modo. En tal caso, esta admirable anécdota de la Revolución rusa nada tendría de ejemplar. Si los amenazados hallaron socorro en Yásnaia Poliana; si al tocar en los umbrales de la mansión patriarcal las víctimas dejaban de serlo, no fue por mero azar de los vaivenes revolucionarios ni porque los rebeldes olvidaran su presa, sino porque, a pesar de seguir codiciándola, se sentían amilanados y contenidos por la sombra tutelar del gran muerto.

Los campesinos jóvenes de Yásnaia Poliana —y ahí está la médula de nuestro episodio— intentaron hacer con la heredad de Tolstoi exactamente lo mismo que realizaron en el resto de la comarca. Hubo largos y tumultuosos conciliábulos para repartirse la hacienda, saquear los edificios y entrar a sangre y fuego en Yásnaia Poliana. Mas, apenas tuvieron noticia del criminal proyecto, los campesinos viejos —los que habían conocido al maestro y guardaban la eterna huella de su inmenso amor por los humildes-— se levantaron enfurecidos, unánimes, dispuestos a defender con sus vidas la heredad de Tolstoi. Era tan firme la decisión, y tan ardiente, que los jóvenes rebeldes se acobardaron. El respeto se impuso; la pasión fue vencida. Yásnaia Poliana quedó guardada por el amor de sus propios colonos.

El día 4 de junio de 1918, para consagrar oficialmente la decisión de respetar la memoria y los bienes de Tolstoi, los mismos mujiks de la aldea organizaron una peregrinación colectiva, presidida por el alcalde, a la tumba del escritor. Asistieron a la ceremonia un centenar de estudiantes de ambos sexos, llegados expresamente de la Universidad de Tula. Los campesinos lucían trajes festivos; las mujeres, sus tocas dominicales, de vivos y brillantes colores. Un anciano, perdido entre la multitud, con su luenga barba cana y el rostro cubierto de surcos profundos, proclamaba su íntima amistad con Tolstoi. «Él me enseñó a leer —decía—. Y yo, en cambio, le enseñé a segar. Comíamos juntos; bebíamos juntos. ¡Qué tiempos aquellos!...». Los pocos soldados bolcheviques que aún quedaban en Yásnaia Poliana para custodiar la hacienda iban también en el cortejo, después de haber pasado la noche limpiando el uniforme para presentarse dignamente.

La tumba de Tolstoi se halla situada en su misma heredad, en pleno bosque. Una valla de madera la rodea. Las estacas están cubiertas de millares de nombres escritos por los peregrinos que vinieron a honrar piadosamente la memoria del maestro. La tumba no es más que un pequeño túmulo de tierra negruzca, de esa esponjosa y rica tierra de Rusia que Tolstoi amó tanto. Sobre el túmulo están esparcidas algunas ramas de pino silvestre. La víspera de la ceremonia, con motivo de la Pascua rusa, sobre las ramas se depositó un huevo simbólico, pintado de rojo, y un pan bendito, un panecillo pascual, dorado y tierno. Alrededor de la tumba flota la inmensa quietud campesina o el largo y sereno murmullo del bosque.

Después de algunas palabras dirigidas por el alcalde a la condesa Tolstoi, los campesinos se arrodillaron ante el túmulo para entonar a coro un cántico pausado, severo, solemne, que se esparcía y agrandaba entre el silencio prodigioso de la selva.

Anatole France*

Acaba de morir ahora mismo y ya su nombre ha adquirido la dureza y la resonancia broncíneas que sólo muy tarde alcanzan los que llamamos inmortales. Francia ha perdido en poco tiempo dos escritores ilustres, Loti y Barres, y uno extraordinario, Proust. En la muerte de todos ellos se planteaba el eterno, el angustioso problema: ¿vivirán sus obras?, ¿cuánto tiempo?... Pero Anatole France es de los rarísimos privilegiados que no sólo se libran del infierno, sino que además se zafan del purgatorio y alcanzan directamente la gloria del paraíso. Su muerte no es una incógnita: es una ascensión. Anatole France ha subido ya al cielo de Francia. Y allí quedará para siempre grabado su nombre, con puntas de estrellas finas como diamantes, a manera de una nueva constelación que parpadeará cada noche sobre el fino silencio y la densa sombra del muelle de los libros de viejo que está en las márgenes del Sena.

Se dirán, ahora, mañana y pasado, muchas cosas de ese hombre singular. De sus obras pueden decirse tantas y tan interesantes que por mucho tiempo la humanidad letrada no se cansará de oírlas. Era lo más francés que pueda imaginarse. Era, al propio tiempo, profundamente humano y universal. Tenía hondas raigambres en su tierra y anchas ramas que esparcían sombra y fruto por los ámbitos del mundo civilizado y culto. Todas las clases de barbarie retrocedían al soplo de su espíritu, como las brumas del mar. Su gracia, su agilidad y su elegancia espirituales pocas veces han sido igualadas en los pasados siglos y ninguna en el nuestro. Era un clásico por la pureza y la armonía de su verbo, y más aún por la divina lucidez de su inteligencia serena. Era el más fino de los griegos de Francia.

* «Pláticas literarias. Un griego de Francia. Anatole France», *La Vanguardia*, 14-X-1924.

Entre la juventud literaria de Cataluña ha venido teniéndosele por un gran escéptico. Esta interpretación errónea, porque es parcial, del espíritu de Anatole France, se ha dado también en otras partes del mundo, incluso en su misma patria. «France —se ha venido diciendo— es un hombre superficial porque se burla de todo; su ironía es un corrosivo implacable, un disolvente universal. Pero esa posición suya carece de seriedad y es insostenible. Si no fuese por su estilo, que es inimitable, la obra de Anatole France carecería de valor positivo».

Así han visto a France todos los partidistas de algo, todos los fanáticos de algo, todos los interesados en que la vida, el hombre y la sociedad humana fuesen algo determinado *a priori*, y nada más, algo conforme a sus propios gustos o ensueños, con exclusión absoluta de lo restante. Y, a su manera, le han visto perfectamente. El nacionalista irreductible, el dogmático intransigente, el revolucionario delirante, el moralista inflexible; tanto el anarquista como el autócrata, tanto el metafísico que es capaz de negar la luz del día para sostener la existencia de una pura entelequia como el energúmeno que practica la degollina general para establecer la igualdad y la justicia; todos los que creen a ojos cerrados, lo mismo si son de la extrema derecha como de la extrema izquierda, en la bondad exclusiva de sus propias quimeras, al encararse con Anatole France se sienten profundamente irritados de ver la exquisita, la amable, la piadosa sonrisa que se dibuja en sus labios. «¡Ah! ¿Pero usted no cree en eso…, ni en eso..., ni en eso...? —le van preguntando uno a uno—. ¿Usted no cree que nosotros hemos de acabar con aquellos?... ¿Usted no cree que el que no venga a mí está perdido?... ¿Usted no cree que hay que matar a muchos hombres para que los demás sean felices?... ¿Usted no cree que dos y dos son cinco?». Y como Anatole France, sin perder su admirable sonrisa, les iba haciendo signos de que no, y que no, y que no, aunque muy dulcemente, ellos acababan por gritarle con indignación: «Pues, entonces, ¡usted no cree en nada!». (Querían decir en ninguna de sus ilusiones). Y es por esto que le llamaban escéptico.

La palabra *escéptico*, tan a menudo usada tontamente, se blandía contra France a manera de un arma para menospreciar y calificar con despecho aquella sutilísima imparcialidad de su espíritu. Pero en los oídos del maestro, acostumbrados al verdadero y genuino timbre de las palabras clásicas, la pretendida injuria debía sonar como el más claro elogio. Porque el vocablo *escéptico* viene de la voz griega *skeptikós*, a su vez, derivada de *skeptomai*, que significa 'yo examino'. De manera que un escéptico es, etimológicamente, ni más ni menos que un hombre inclinado a examinar con mucho tiento las cosas espirituales antes de darlas por buenas o por verdaderas. Y ese era, precisamente, su mayor orgullo: nadie como él ha sabido en nuestros tiempos examinar tantas cosas, manejar tan opuestas ideas, manteniéndose maravillosamente equidistante y por encima de todas ellas.

Los espíritus como Anatole France son de una rareza inaudita. La mayoría, casi la totalidad de los hombres necesitan, aun los mejor dotados, poder apoyarse en algo firme, inmutable, inconmovible (o que a ellos les parece ser tal), para lograr sostenerse. Si les falta ese apoyo mental, fácilmente se hunden. El espíritu humano, realmente, se parece mucho a esas construcciones más atrevidas que robustas, como las catedrales góticas, cuyos campanarios ingentes y flechas audaces se desplomarían sin remedio a no ser por los recios contrafuertes y arbotantes en que se apoya su flaca soberbia. Esas muletas espirituales son los sistemas, las escuelas, los partidos, etc., armatostes que cambian de generación en generación, pero cuya utilidad en el fondo se mantiene siempre la misma. Y los hombres tenemos, como decía, una tan ineludible necesidad de apoyarnos en alguno o en varios de ellos que cuando, por casualidad, muy de tarde en tarde, surge un espíritu libérrimo que prescinde de todos y sabe sostenerse, como un templo griego, por sí mismo, a solas, únicamente asentado por su propia gravedad sobre la tierra madre, sin ortopedia arquitectural de ninguna clase, los demás nos llenamos de indecible asombro: sólo algunos comprenden, entonces, que se trata de un verdadero prodigio, y lo admiran; pero la mayoría lo reputa un monstruo y se aparta de él, persignándose. Anatole France ha sido uno de esos rarísimos casos de portentoso equilibrio.

Cuando la inteligencia humana llega a tan excepcional grado de escepticismo, es decir, de capacidad para el examen crítico, es como un viento agostador de ilusiones. Y esto la hace antipática y casi repulsiva a los ilusionados de todo género. Pero al mismo tiempo, es tan independiente, tan lúcida, tan incomparablemente objetiva, y goza en cierto modo de un tan raro don de ubicuidad intelectual, que sus mismos contrarios se sienten fascinados por ella y se ven obligados a rendirle tributo, como a algo sobrehumano o semidivino. Esto ha ocurrido con Anatole France. Todas las escuelas, todos los sofismas, todos los partidos, todas las ideologías reniegan de él; pero todos, por otra parte, le buscan, se lo disputan y hacen ridículos esfuerzos para acapararlo en provecho propio. Desde el comunista Rappoport hasta el ultranacionalista Maurras, todos los alucinados de Francia proclaman que el maestro está con ellos, que lo verdaderamente bueno de su obra es lo que les halaga y les conviene a ellos. Y lo estupendo es que todos hallan en las maravillosas páginas de France pruebas concluyentes, aunque por fuerza antitéticas, de lo que cada uno defiende.

Nada, en efecto, ni los mismos diálogos platónicos, alcanza la prodigiosa y profunda objetividad con que las ideas más contrarias aparecen expuestas, por ejemplo, en los diálogos que sostienen el abate Lantaigne y M. Bergeret en la *Historia contemporánea*. En lo mejor de sus obras restantes, el mismo milagro, aunque en menor escala, se produce a cada paso. Y es que el arte de Anatole France es, esencialmente, un arte intelectual. Sus personajes no son nunca caracteres vivos, sino objetivaciones y personificaciones de ideas abstractas. Todos ellos, a pesar de sus profundas diferencias, no tienen más que un alma, que es la del autor, y sólo son encarnaciones parciales de ella, facetas distintas y a veces opuestas de un mismo diamante. Los partidistas de toda clase que pululan en torno de ese foco de luz fría e intelectual, escogen una sola de sus fases y procuran aprovecharse de ella. Pero Anatole France no pierde nunca su piadosa sonrisa. A los chauvinistas les arroja, de pronto, *La isla de los pingüinos*; a los doctrinarios, M. Bergeret; a los incrédulos, el abate Lantaigne; a las derechas, el último tomo de la *Historia contemporánea*, y a las izquierdas —que parecían más seguras de acaparar esa inteligencia preciosa pero escurridiza—, *Los dioses tienen sed*, aquel lúcido y aplastante episodio revolucionario... ¿De quién es, pues, el maestro? De todos y de nadie. De todos, porque su inteligencia lo comprende todo; de nadie, porque después de comprendido, se sonríe piadosamente de todo. Y sólo hay tres cosas que le ponen serio de verdad: la Inteligencia, la Belleza y la Justicia.

De su estilo se ha dicho mil veces que es inimitable. Pero lo es hasta el punto de no permitir no ya la imitación corriente, es decir, la del discípulo entusiasta, sino incluso el *pastiche*, esto es, el remedo inteligente. France es de los que no pueden tener seguidores ni falsificadores. Muchas veces, charlando entre amigos, he propuesto, a manera de receta literaria, la siguiente fórmula para obtener (es decir, explicar) mentalmente el estilo de France: «Mézclese en la proporción de 3 a 1 esencia de Voltaire y aroma de Renan; hágase hervir en un caldo lingüístico de pura tradición francesa y esparrámense encima algunas hojas de laurel helénico». Pero, bromas aparte, entre los tres grandes escritores hay algunas diferencias notables, a pesar de proceder todos de un mismo tronco y de una misma madre. Voltaire es el más espontáneo; Renan, el más sensitivo; France, el más cerebral. La divina simplicidad de este es engañosa. La agilidad sin par de Voltaire era real: escribía hablando; la de Renan ya era más laboriosa: escribía sintiendo; la de France no ha sido más que ímprobo trabajo de artífice: ha escrito calculando interminablemente, con un profundo esfuerzo lógico, intelectual.

Y, en fin, que charlando de este hombre no acabaríamos nunca: la última vez que le vi fue durante la guerra (1917), en París, una tarde en que al pasar por el *quai* Malaquais, ante la librería de Pierre Champion, el librero erudito, divisé a Anatole France, inmóvil, acurrucado en un sillón, en lo más hondo de la tenebrosa tienda. Estaba muy envejecido (¡y aún debía casarse por segunda vez!), con la luenga nariz pensativa, el bigote cano, borrascosa la barba y los ojillos de hurón brillando muy juntos bajo el ala sombría de un fieltro amplio y aplastado. Iba envuelto, a pesar de que el tiempo no era frío, en un inmenso carrik con valona. Parecía un anciano viajante de libros, cansado y vulgar. Indiferente a la moda, aquel hombre cuyo estilo es la suprema elegancia, llevaba una corbata torcida, de esas todas de una pieza y con resorte que venden por dos reales en las ferias, y unos calcetines blancos, groseros, que le caían y se le arrogaban sobre unas botas infames, con tirantes de goma.

Yo creo que, así mismo, con idéntica sencillez, se habrá ido —trocando negligentemente el carrik por la alba túnica de los inmortales— a reunirse con las sombras amigas suyas que pasean por los campos perennemente floridos.

Eça de Queiroz[*]

Sobre mi mesa están, tal como me los trajo el librero, los tres primeros tomos de las llamadas obras póstumas de Eça do Queiroz. Son *La capital* y *El conde de Abranhos*, dos novelas, y un volumen de *Correspondencia*.

He de confesar, sobre todo acerca de los dos primeros, que casi no me atrevo a abrirlos. Eça de Queiroz es, a mi juicio, no solamente uno de los más grandes escritores ibéricos del siglo XIX (murió en París al terminar la centuria, en 1900), sino también uno de los ejemplares de escritor más típicos de todos los pueblos y de todos los tiempos. Nótese que digo de *escritor*, a secas, no de novelista, ni siquiera de cuentista, a pesar de haber escrito alguno que es una obra perfecta. Digo solamente de escritor porque Eça de Queiroz, entre sus muchas cualidades y sus defectos, tuvo indudablemente, por encima de unas y otros, aquella virtud misteriosa y suprema que es el signo revelador, la estrella puesta en la frente de los elegidos: su pluma era como una varita mágica, todo lo que tocaba se convertía en luz.

Por mucho que os interese lo que dice, siempre os interesará más todavía la singular, la inimitable manera suya de decirlo. Este es el don maravilloso de los escritores de raza. Los puristas portugueses han puesto al estilo de Eça de Queiroz muchos reparos: pobreza de léxico, sintaxis convencional, abundancia de galicismos y cosmopolitismos, carencia de casticidad, etc. Los críticos han encontrado en sus novelas reminiscencias de otros autores, especialmente francesas. Los nacionalistas han censurado su pesimismo patriótico (sin embargo, tan certero) y los «arraigados», su extranjerismo. Pero una vez dicho todo eso, que es muy discutible, siempre queda en pie una cosa en la que todos han de estar de

[*] «Pláticas literarias. La risa peninsular», *El Sol*, 24-II-1926.

acuerdo por fuerza: Eça de Queiroz, como escritor, es un encanto. De los materiales lingüísticos que manejaba, y que un análisis minucioso puede tachar de deficientes o impuros, él hacía una síntesis inconfundible, de una plasticidad, un color, un relieve, una concisión y una elegancia únicas. ¿Y qué es esto sino la más bella facultad del verdadero escritor?

•

Como decía antes, esos tomos póstumos que ahora van publicándose me asustan un poco. Casi no me atrevo a tocarlos, porque temo comprometer con indiscreta mano el armonioso equilibrio en que la imagen de Eça de Queiroz está expuesta en la mejor sala del museo de mi memoria, al lado de otras figuras a menudo más grandes, pero muy raramente más exquisitas. Las obras póstumas de los escritores ilustres, publicadas sin su consentimiento, siempre tienen algo de irreverente, algo que se parece a una profanación. Es como si al morir una mujer muy amada, un confidente indiscreto nos ofreciese la ocasión de introducirnos en el *boudoir* más íntimo de la desaparecida tal como ella lo dejó, tal como ella jamás hubiese consentido que lo viera nadie, en su desarreglo matutino y recóndito, con los potes de carmín, las esencias, los lápices y cepillos, y otros mil secretos que contribuían a preparar y realzar su fascinadora belleza.

Descontando los ya mencionados, se anuncian en Eça de Queiroz cuatro tomos más: *La tragedia de la calle de las Flores*, *Alves y Compañía*, *Páginas olvidadas* y *Notas de viaje*. El editor de estas obras es el propio hijo del gran novelista. ¿Por qué ha emprendido esta publicación que quizás su padre no habría aprobado, cuando menos en gran parte? Dicen que por necesidades de orden económico. Pero esto es la anécdota circunstancial y lo que aquí nos interesa es el fondo. ¿Debían de publicarse esas novelas arrinconadas o esbozadas nada más, y en todo caso impublicadas, es decir, seguramente impublicables a juicio de su autor? En el siglo XVII, un acto semejante hubiera parecido una locura estúpida. En el XVIII, una falta de gusto. En el XIX, ya se habría considerado como una picante curiosidad. Y me temo que en el XX no sea una especie de necesidad casi absoluta.

Nuestra época se caracteriza por su historicismo, que es el sentido de la perspectiva y de la relatividad en el orden de los procesos humanos. El siglo XVII, con su íntimo sentido de lo clásico, amaba únicamente lo actual, lo perfecto y acabado. Sus obras literarias tienen cuño, como las medallas, ofrecen relieve, pero no perspectiva, y se recortan con extraordinaria limpidez, sin halos ni atmósferas envolventes. El XVIII introdujo ya en el paisaje espiritual una neblina de sensibilidad que esfumó los términos y las relaciones, agrandando considerablemente el ámbito de lo actual, con vistas a lo pretérito y barruntos de lo futuro. El XIX, con el Romanticismo, rompió limites tradicionales y, al derribar las murallas clásicas, descubrió por vez primera la perspectiva histórica. Las palabras *evolución* y *proceso* tomaron entonces su sentido moderno. El siglo XX está haciendo un gran esfuerzo para explicarse e interpretar la inmensa y profunda perspectiva descubierta por el Romanticismo mediante la noción de la relatividad universal. En estos tiempos, un escritor es también una «historia», la historia de una sensibilidad artística y su desarrollo. Nuestro historicismo, ese instinto que llevamos en la sangre los hombres de hoy, no nos deja en paz hasta que, además del *qué*, conocemos el *cómo* de las cosas, y tras el ser, el devenir.

Las obras póstumas de Eça de Queiroz, que nos permitirán penetrar en su laboratorio y hacernos cargo de su alquimia artística, son a manera de víctimas sacrificadas al Moloch cultural de nuestra época.

•

Una buena historia comparada de las literaturas peninsulares, especialmente de las dos más ricas, la castellana y la portuguesa, revelaría muchas cosas interesantes, entre ellas, creo yo, un magnífico aspecto de la innegable y profunda afinidad ibérica.

La risa de Eça de Queiroz, por ejemplo, cuando es más franca, cuando es carcajada melancólica pero serena (y en sus mejores momentos suena a tal), parece un eco de aquella ingente risa cervantina que había resonado por todo el ámbito de Iberia tres siglos antes. No son lo mismo una y otra, pero proceden de la misma fuente cantadora. Desde que Cervantes murió, nadie en el mundo había vuelto a reír de la manera que reía Cervantes. Parecía que su risa, además de extinguirse en el hombre prodigioso en cuyos labios retozó burlonamente, se había acabado también como género, a la manera de un río que, después de saltar y burbujear entre las peñas con incesante rumor, desaparece de pronto bajo tierra, dejando el campo doblemente silencioso y desierto. Pero al cabo de trescientos años, al resonar en la Península la risa de Eça de Queiroz, un oído fino hubiera podido muy bien considerarla como una rara continuación de la risa cervantina, a la manera como el hombre experto que al seguir su camino y observar, mucho más adelante, la aparición de otro curso de agua en la superficie de la comarca que está atravesando, en seguida deduce que se trata del mismo río, aunque modificado por la distancia y los accidentes naturales, que antes desapareció.

La risa de Cervantes es más uniforme, menos nerviosa e incisiva, más amplia y serena que la de Eça de Queiroz. Durante el largo tiempo que la corriente se ha deslizado, entre uno y otro, bajo tierra, ha debido de atravesar terrenos sulfurosos y capas volcánicas. Cuando sale de nuevo a la luz, convertida en risa de Eça de Queiroz, el agua es acida, a menudo hirviente, sus salpicaduras queman y sus espumas corroen. Pero la composición que arroja el análisis químico, si lo hacéis a fondo, resulta básicamente la misma de antes. La risa de Eça de Queiroz, hija de una época de extrema decadencia peninsular, como la risa de Cervantes, que brotó en la dulzura de un esplendoroso otoño, tienen, aunque diversificadas por accidentes individuales, cronológicos e históricos, el mismo sentido humano: la piedad. Y esta piedad, este sabor delicioso y característico de ambas risas, la regalada sensación que, aun dañando de momento, sobre todo en Eça de Queiroz, esta agua procura al que está sediento de equilibrio, de templanza y de justicia, ante los dolores, las violencias, las locuras y estupideces del mundo, procede de una sal divina: la bondad. Una bondad que no es renunciamiento religioso, ni mundana ambición defraudada, ni pasión duramente abatida, sino más bien mansedumbre natural: una profunda amargura del espíritu reflejándose en una extremada limpieza y juventud del corazón.

Hay venas literarias que se perpetúan a través del tiempo, como los linajes. La risa de Rabelais, esencialmente racionalista y *gauloise*, se prosigue en la risa de Molière, tan lógicamente sensata y tan sabrosa. La ironía diamantina de Voltaire cambia de montura, pero se conserva tan lúcida en Anatole France. Yo no sé qué tiene a veces Goethe de pastoso y casero que parece de Hans Sachs. En el sentimentalismo de Dickens hay un matiz de irritabilidad y de indignación violenta que procede de Swift. La blanda elegancia de Ariosto está mucho más emparentada de lo que a primera vista parece con la bucólica ternura virgiliana. Si el manantial representado por las risas de Cervantes y de Eça de Queiroz debiese exportar sus aguas por el mundo, las etiquetas podrían muy bien distinguirse por este nombre registrado: Risa Peninsular.

Luigi Pirandello[*]

Con las obras de Pirandello me ocurre algo raro. Al escuchar a sus admiradores entusiastas, experimento por el famoso escritor un invencible desvío. Pero al oír a sus enemigos implacables, entonces me siento un poco pirandelliano. Esto me hace presumir que el verdadero valor del dramaturgo italiano debe encontrarse en un término equidistante de los que emplean sus apologistas y sus detractores.

Probablemente, el peor enemigo de Pirandello es el pirandellismo, comenzando por la astuta explotación a que le somete el propio Pirandello. Las cosas extravagantes o abusivas que el célebre escritor va haciendo y prodigando por esos mundos de Dios tienen, en realidad, muy poca consistencia y huelen demasiado a charlatanismo. Un día, Pirandello revela a un repórter una nueva *filosofia della vita*, un flamante sistema del universo. Otro día se hace retratar en compañía de un asno. Luego se presenta ante dos, tres o cuatro mil personas y ofrece contestar instantáneamente, sobre determinadas materias, cuantas preguntas se le dirijan, por arduas que sean. Naturalmente, esa *filosofia della vita* está a la altura de las que aparecen, con frecuencia y facilidad admirables, en el reverso de las hojas del calendario doméstico: ese asno sólo puede ser una despiadada alusión a quien contemple embelesado la fotografía y esas respuestas improvisadas, ni son improvisadas, ni son respuestas, ni se reducen a otra cosa que a un juego, más o menos divertido, de bóbilis, bóbilis o prestidigitación palabrera.

Yo he visto a Pirandello. Le he visto y le he oído la noche que quiso *épater* a los buenos burgueses y a los cándidos intelectuales de Barcelona en nuestro teatro Romea. Aquello fue un espectáculo ligeramente vergonzoso a los ojos del espí-

[*] «Pláticas literarias. Un teatro sofístico», *La Vanguardia*, 6-III-1925.

ritu. Se olía a mojiganga en todo el ámbito de la sala. La presentación del «fenómeno», los que por riguroso turno y según una amañada consigna interrogaron al «fenómeno», y el «fenómeno» mismo, con sus triviales explicaciones, debían habernos hecho enrojecer un poco a todos, y especialmente a Pirandello. Pero, vamos, la farsa fue soportable por dos razones: porque era nueva en cierto modo y, sobre todo, porque duró poco. Sin embargo, ella sola basta para explicarnos a los que la presenciamos la indignación que Pirandello produce a muchas inteligencias cultivadas y honestas. Andrenio, por ejemplo, el gran periodista, el espíritu más templado, más comprensivo, y el crítico más abierto y cordial que hoy firma en la prensa española, tiene un verdadero horror a Pirandello. Él, que lo alaba casi todo, que en todo llega a descubrir un filón de amenidad y simpatía, cuando habla de Pirandello se pone desconocido, hasta el punto de perder alguna vez, muy pasajeramente, esa ponderación y esa ecuanimidad que no le abandonan nunca. No había yo podido explicarme esa curiosa antipatía, que ya viene de muy lejos, desde que el nombre de Pirandello comenzó a sonar fuera de Italia. Pero aquella noche, en Romea, descifré el enigma. Lo que no puede soportar Andrenio, más que el teatro de Pirandello, es la parte de farsa grosera que hay en su personalidad y las inevitables infiltraciones de aquella en su obra. A Andrenio le molestan no las realidades, sino las desmesuradas «pretensiones» del pirandellismo.

Cuando en la velada del Romea, en efecto, oíamos que, al referirse a cuanto en el teatro se había producido antes de su aparición, el escritor siciliano lo resumía con el piadoso calificativo de *teatro vecchio*, sin duda por oposición al suyo, que es el *nuovo* y único verdadero, no sabíamos de qué asombrarnos más, si de que tamaño atrevimiento pudiese Pirandello decirlo sin pestañear siquiera o de que sus oyentes fuésemos capaces de oírlo con tanta mansedumbre. ¡Teatro viejo eran, por supuesto, el griego y el latino, el de Racine y Molière, el de Shakespeare, el de Schiller y Goethe, el de Tirso y Calderón, el clásico y el romántico, y todo el de nuestros tiempos, de Ibsen a D'Annunzio, de Curel a Bernard Shaw! Verdaderamente, Pirandello exagera.

Pero al lado, o, mejor dicho, por encima de las flaquezas pirandellianas, está la obra de Pirandello. Y si aquellas resultan francamente desmesuradas, esta no deja de tener, por lo menos, un curioso valor. Acabada la exhibición del «fenómeno», nos dieron aquella noche una obra de Pirandello —la única que yo he visto representar— que no puede clasificarse entre las mejores suyas: *Il berretto a sonaglie*. Y en seguida de verla, a pesar de que, como digo, no es nada excepcional, olvidé el mal sabor que me había dejado la pseudoconferencia preparatoria y sentí afirmarse en mí la impresión que me produjo la lectura atenta de otras obras pirandellianas. Yo creo que en ellas hay algo singular, algo raro y considerable. ¿En qué consiste?...

Se ha hecho notar, con razón, que los temas de Pirandello no son nuevos. Se ha dicho que muchas de sus obras tienen argumentos de melodrama y de *vaudeville*. Últimamente, un amigo mío me hacía observar que hay asuntos tratados por Pirandello que se parecen exactamente, por su calidad y contextura, a los que manejaba Echegaray. «La única diferencia —me decía— está en la manera de tratarlos». ¡Exacto! Pero ¿no es algo ya esa manera *sui generis*, esa técnica pirandelliana? Los grandes pintores del Renacimiento tampoco brillaban, a menudo, por la originalidad de las escenas representadas en sus telas. Muchos, casi todos ellos, escogían los mismos asuntos. Su verdadera originalidad estaba en la peculiar manera de representarlos.

La originalidad de Pirandello es también de esa clase. Coge un tema sobado y en sus manos adquiere un relieve imprevisto, una intensidad insospechada. ¿De qué procedimiento se sirve para ello? De un procedimiento que podríamos llamar de «concentración dialéctica». Pirandello sienta un caso, como quien sienta una premisa, y luego toda su labor se reduce en ir acumulando sobre él (generalmente sobre un sólo personaje) una serie cada vez más fuerte de explosivos lógicos, hasta que la conclusión inevitable estalla. El método de Pirandello es puramente cerebral: de ahí la sequedad intelectualista que le ha sido reprochada. Sus obras parecen teoremas mentales, por contraposición a los teoremas sentimentales a que nos tenían acostumbrados sus antecesores. Lo que hiere y mata a sus personajes no es la pasión, es la lógica. No se conducen según la lógica de la pasión, sino que obran impulsados por la pasión de la lógica. De ahí el diabolismo, la crudeza, la aridez de sus producciones más características. Convencen, por lo menos de momento; se apoderan del espectador a viva fuerza, pero no le satisfacen, no le complacen nunca. La lucidez terrible de sus personajes produce cierta congoja, un secreto malestar. Así como en la realidad y en las obras geniales, como por ejemplo las de Shakespeare, los hombres, incluso cuando piensan, piensan con el corazón, en el teatro de Pirandello, por el contrario, incluso cuando sienten, sienten con el cerebro. El fluido emotivo de su teatro no es un fluido cordial: es un fluido como de máquina de calcular o de máquina eléctrica.

Lo malo está en que, si Pirandello comienza siempre por sentar un caso, una premisa, con harta frecuencia esta premisa es falsa. Pero una vez planteada, ¡allá va!: el autor pone en movimiento su máquina lógica y no para hasta producir con ella la inevitable catástrofe. Ocurre con Pirandello exactamente lo mismo que con Carlos Maurrás. Los suyos son espíritus gemelos (por algo Pirandello es fascista y Maurrás ya lo era mucho antes de que existiese el fascismo). ¡Ay del que acepta, sin un profundo y riguroso examen, una premisa de cualquiera de ambos, por insignificante que parezca: una máxima política de Maurrás o un caso de Pirandello! En un abrir y cerrar de ojos se sentirá arrebatado y arrastrado, de una manera irresistible, hasta las más absurdas e insospechadas consecuencias. El teatro de Pirandello, como la política de Maurrás, no es, por lo tanto, un teatro esencialmente humano: es un teatro esencialmente sofístico.

Con todo, a mi juicio, tiene una fuerza y un valor innegables. No creo que el teatro de Pirandello pueda variar ni desarrollarse mucho. Es una fórmula, y todas las fórmulas se gastan pronto. No conozco la obra teatral de Pirandello como yo quisiera, para juzgarla a fondo. Pero, por lo que de ella sé —una representación, la que ya he citado, y la lectura de *Sei personaggi in cerca d'autore, La vita che ti diedi, Enrico IV, Vestiré gli ignudi, Tutto per bene* y *Cosí é se vi pare*—, presumo que ha de producir, en definitiva, más ruido que nueces. Últimamente,

Pirandello ha tenido un fracaso en Italia y no ha pasado de dos *succés d'estime* en París. Pero, aun reduciéndola a proporciones más modestas que las que pretendía, aun quitándole todo el fárrago reclamista y el pirandellismo, la obra teatral de Pirandello es un fruto del tiempo. Y, como tal, merece, si no todas, por lo menos muchas consideraciones. En estos años de cosas tan desconcertantes —de bolchevismo, de mussolinismo, de spenglerismo, de freudismo y de metapsiquismo—, el pirandellismo es una pincelada más en el cuadro que ha de dar a las generaciones futuras una imagen, poco graciosa sin duda, pero muy parecida, de lo que es la vieja Europa al salir, destrozada y enferma, de la Primera Guerra Mundial.

Marcel Proust[*]

Hacía muchos años que estaba enfermo, casi desde su misma infancia. En los últimos tiempos, sólo podía continuar viviendo a condición de no salir de su cuarto herméticamente cerrado a la luz diurna. Allí la gloria fue a besarle, muy tarde, las pálidas sienes. Nada sabíamos, sin embargo, de que estuviese tan cerca su fin. Parecía que iba a poder ver publicada por entero su admirable exploración —unos quince tomos—, *En busca del tiempo perdido*, y aun emprender nuevas obras. Pero al desdoblar anteayer los periódicos franceses, en uno de ellos encontramos, en la sección de última hora, este epígrafe inesperado: «Mort de Marcel Proust». Contaba unos cincuenta años y en 1919 había obtenido el premio Goncourt.

Esta lisonja académica puso de moda su literatura, tan poco asequible al vulgo mundano, tan refinada y difícil aun para los mismos escritores. Sospecho que fueron mayoría los que se aburrieron o cansaron leyéndole; pero en París todo el mundo leía a Marcel Proust con ese mismo fervor epidémico con que, algunos años antes, se leía a Bergson y últimamente se lee a los divulgadores de Einstein. Yo conocía a Proust, quiero decir, una parte de su obra, desde 1913 o principios de 1914. En algunos cenáculos parisinos se hablaba ya entonces de él como de un personaje un tanto misterioso y un escritor extraordinario, desconocido y casi inédito, pues sólo había publicado dos libros que aparecieron y pasaron en silencio. Saint-Léger Léger —otro refinado a quien perdí de vista cuando, en 1916, en plena guerra, le mandaron a Extremo Oriente en calidad de diplomático— me habló de Proust. Un joven filólogo dálmata que se pasaba la vida a la caza de rarezas literarias me dio a leer de él unas páginas mecanogra-

[*] «Pláticas literarias. Un escritor sinfonista. Marcel Proust», *La Vanguardia*, 22-XI-1922.

fiadas. Proust era, verdaderamente, un formidable artista, un innovador, un hombre que debió crearse una técnica y un estilo para poder traducir en palabras su visión del mundo.

Proust no será nunca popular, ni siquiera fácilmente abordable. Y entre nosotros (me refiero a Cataluña) me ha sido imposible dar con un solo entusiasta de su obra, con alguien que la haya saboreado y comprendido plenamente. ¡Es curioso! En nuestro campo literario, donde, a semejanza de un corral sin bardas (y pásese la expresión), pueden entrar y entran todos los días las corrientes más contrapuestas, las influencias más exóticas, las más raras aves, las extravagancias y variedades más insignes de la literatura universal, las modas más pasajeras y los genios de un día, el maravilloso arte de Marcel Proust ha resbalado superficialmente. Yo he tenido incluso un especial empeño en hacerlo gustar a algunos de los más finos y exquisitos espíritus nuestros. Ha sido inútil. Veo, a la postre, que, si me dan la razón, no es por convencimiento, sino para no contrariarme.

Este fenómeno sólo puede obedecer a dos causas. En primer lugar, la obra de Proust requiere un conocimiento íntimo, profundo y directo de la lengua y hasta de la sociedad francesas. Y a los catalanes nos es tan fácil entender el francés y dar una vuelta por Francia que son muy pocos entre nosotros los que se han preocupado de estudiar hondamente aquel idioma y penetrar el espíritu de ese pueblo. En segundo término, las obras de Proust, infernalmente editadas por *La Nouvelle Revue Française,* están llenas de errores gravísimos, de puntuaciones falsas e incluso de pasajes materialmente ininteligibles por erratas de composición. Y añádase a eso que leer bien a Proust equivale a realizar una ímproba labor, sólo comparable a la que nos imponíamos en nuestros años de fanatismo wagneriano. Luego he de volver sobre esta semejanza, porque es capital.

Pero una vez salvados todos los escollos, la obra de Marcel Proust produce una de las más hondas y ricas emociones creadas por el arte contemporáneo y por la novelística de todos los tiempos. Ningún tratado de psicología puede compararse, ni de lejos, con los minuciosos y maravillosos análisis anímicos de Marcel Proust. Este escritor ha realizado, en el orden de la literatura, una revolución parecida a la de Einstein en el terreno de la interpretación física del universo, y a la de Freud en el mundo de lo subconsciente. Leyendo a Proust y acompañándole en sus prodigiosos sondeos, a menudo se tiene la inefable impresión de asistir al descubrimiento de regiones inexploradas, subterráneas o, mejor, submarinas. El análisis de los novelistas más sagaces anteriores a él es algo así como una exploración superficial, horizontal, de los mares del espíritu y de sus quebradas costas. Con Proust parece que entráis por primera vez en un cambio de método, en una orientación dirigida en sentido vertical, de arriba abajo, de alto en hondo, y en vez de nadar entre el oleaje, buceáis por las mismas profundidades del abismo.

El estilo de Proust —siguiendo la imagen tradicional— no es como una fuente límpida y cristalina; es, más bien, como un denso y cargado licor, un líquido pastoso, lleno de especias y de reminiscencias de sutiles aromas. No ayuda a digerir, sino que, por el contrario, necesitáis esfuerzo para digerirlo. Pero, como los mágicos brebajes de los alquimistas, os transforma en hombres ultrasensitivos, y su influjo, a semejanza de las drogas narcóticas, os revela insondables e insospechadas perspectivas alucinadoras. Muchas veces he pensado que Baudelaire y Poe hubieran sido entusiastas de Proust.

Sus novelas encuadran la más alta sociedad francesa contemporánea. Nadie, absolutamente nadie la había conocido, a través de los libros, hasta Marcel Proust. Los aristócratas de Balzac y los de Paul Bourget son verdaderos monigotes de cartón o figuras de cera, comparados con los grandes retratos de Proust. Para hallar en la literatura francesa algo semejante, hay que remontar hasta los inmortales frescos del duque de Saint-Simon, pintados en plena corte de Luis XIV. Proust recuerda a menudo, por la pujanza, la amplitud y la solidez de su estilo, al gran prócer del siglo de oro. Pero, así como las escenas y las figuras de Saint-Simon se nos aparecen a la luz de las antorchas y candelabros versallescos —una luz oscilante, cárdena y entremezclada de grandes manchas sombrías—, las de Proust se nos muestran envueltas en yo no sé qué atmósfera cruda, deslumbradora, moderna, como aureoladas por la frialdad de mil lámparas eléctricas. A veces, entre las densas páginas de Proust, hay rincones de tertulias donde los personajes se nos revelan súbitamente, un tanto yertos y con los ojos grandes y azorados, pero deslumbrantes de vida y pedrería, como a la luz de un fogonazo de magnesio.

Uno de los poquísimos que entre nosotros podían saborear plenamente el arte de Proust, Eugenio d'Ors, ha dicho de él, si no recuerdo mal, que era un arte *invertebrado*. Y no es eso. A D'Ors, el arte de Proust le ha preocupado más que convencido. Ello proviene de que el estilo de Proust es, esencialmente, lo que podríamos llamar un *estilo sinfónico*; y Eugenio d'Ors, que es un sutil y admirable catador de estilos plásticos, tiene mucho más fino el sentido de la vista que el de la audición y juzga mucho mejor con los ojos que con los oídos. Hay una notable diferencia, por ejemplo, entre los juicios pictóricos de D'Ors y sus juicios musicales. El arte de Proust ha podido parecerle invertebrado porque a lo que más se semeja su composición no es a la de un cuadro o estatua, sino a la de un drama sinfónico. Y entre todos los dramas sinfónicos, las obras de Proust, los que más recuerdan, por su temática, son los dramas de Wagner.

El estilo de Proust es una verdadera orquestación literaria. Su riqueza de tonos, matices y ritmos llega a ser prodigiosa. Cada obra —y aún la obra entera, la inmensa exploración *En busca del tiempo perdido*— forma un bloque compacto, con sus *leitmotivs* esenciales, sus desarrollos y progresiones melódicas, sus cambios de tono, sus traspasos de temas de unos instrumentos a otros, sus plenos metálicos, sus sordinas en la cuerda, sus inefables dulzuras de clarinetes y oboes. De ahí la imposibilidad de arrancar fácilmente un fragmento de ese vasto y armonioso conjunto para analizarlo por separado. De ahí esa explicable impresión de «invertebradura» que produce, si se examina a pedazos, delimitando una parte de la obra con los ojos, como se hace con la figura de un cuadro. La verdadera estructura, la trabazón esencial de la obra está en su conjunto. Sus detalles pueden parecer excesivos o desenfocados si se desgajan del fondo común, lo mismo que ocurre si aislamos, en la tetralogía de Wagner, un diálogo suelto, una de esas en apariencia interminables conversaciones entre Wotan y Erda. Y aun haciendo eso, el valor del fragmento es tan sólido y su inspiración tan robusta que quizás un día suceda con la obra de Proust lo que ya ocurre con Wagner: que, en la imposibilidad de oírlo plenamente, ciertas partes do sus obras se dan por separado en los grandes conciertos, a manera de poemas sinfónicos; y todavía así resultan maravillosas. Entre las páginas de Proust hay, por ejemplo, algunas que tratan del mar y en las cuales las palabras se enlazan de tal suerte y producen una tan viva sugestión de relente costeño, de inmensidad brumosa y de viento salobre que sólo son comparables a aquel divino ascenso de los violines al comenzar el tercer acto de *Tristán e Isolda.*

Proust es, pues, un Wagner literario que ha muerto sin haber podido pasar de su tetralogía, de sus quince tomos de *En busca del tiempo perdido*. ¿Qué habrían sido sus *Maestros cantores*, su *Tristán* y su *Parsifal*?... El mundo literario se queda estúpidamente defraudado en una de sus mejores esperanzas actuales.

En varios países de Europa, especialmente en Inglaterra y en Holanda, los admiradores selectos de Proust habían fundado, a semejanza de lo que un día se hizo con Roberto Browning, sociedades literarias que llevan el nombre del gran maestro novelista y seguían paso a paso su labor. Nosotros, más humildes, quedaremos aguardando casi solitariamente los tomos finales, todavía inéditos, de su obra; y los leeremos con la amargura de sentir, a cada hoja, que vamos agotando insustituibles delicias.

Paul Valery[*]

Es curioso el hecho de que la prensa española, y en especial la catalana, se ocupe tanto del escándalo de Glozel y tan poco del otro. Porque en Francia, tierra deliciosa de inquietud, que no puede vivir sin un *affaire*, en la actualidad hay dos que apasionan furiosamente a sus mejores espíritus: el de Glozel y el de Valéry, un escándalo arqueológico y un escándalo poético; el presente, sacado de quicio entre el pasado y el porvenir.

Parecía lógico que, al revés de lo que viene ocurriendo, los periódicos y revistas hablasen mucho más de Valéry que de Glozel. La prensa se compone de elementos en su mayoría literarios o aficionados a la literatura. Y Paul Valéry es un poeta. En cambio, los arqueólogos no abundan en las redacciones, y los prehistoriadores resultarían en ellas un anacronismo sensiblemente irónico. No importa: el hecho es que casi no queda ya entre nosotros, ni en el resto de Europa, periodista ni periodistillo que no haya escrito su crónica sobre Glozel. Hay los glozelistas y los antiglozelistas, como entre 1914 y 1918 hubo los germanófilos y los francófilos, esto es, por instinto y por inspiración, sin razones ni competencia de ninguna clase. De Valéry, casi nadie dice una palabra. Y esto parece probar que es mucho más fácil —como vengo presumiendo desde hace varios lustros— hablar de prehistoria que de poesía.

Sobre todo, de una poesía como la de Valéry. En Francia se ha *déclanché* una gran ofensiva contra ella. Es una ofensiva combinada y de amplio estilo, con intervención de varios cuerpos de ejército y hasta de ejércitos de procedencia diversa, con sus heterogéneos elementos y sus incompatibles mariscales: pues ya es sabido cómo los métodos militares de una época suelen teñir de sus colorines

[*] «Batallas ideales. Votos no son triunfos», *La Vanguardia*, 20-I-1928.

las trapatiestas civiles. La ofensiva contra Valéry a lo que más se parece es a la famosa del Soma. Para colmo de semejanza, los *aliados* contra el poeta tampoco se entienden entre sí. Y ¿cómo podrían entenderse Lloyd George y M. Poincaré, digo, León Daudet y su fraternal enemigo Gustave Téry? ¿Ni cómo es posible que combinen sus fuerzas dispares el Clément Vautel de *Le Journal* y los guerrilleros de *Le Crapouillot*? No obstante, todos tiran a la vez contra el poeta de *La jeune Parque*. Como las flechas de la muerte en las maravillosas coplas de Jorge Manrique, los tiros de esos enemigos pasan de claro la noble sombra del poeta, pero la dejan intacta. Y su poesía brilla todavía más, como el mármol bruñido de un templo ideal, al resplandor de esos fogonazos rastreros.

Descontando a Daudet —cuyo odio contra Valéry, como el que siente por Claudel, es, naturalmente, de origen político-personalista—, todos los demás combaten al poeta porque no entienden su poesía. Y, en efecto, esa poesía es difícil. Su lectura es costosa en todos sentidos: las ediciones de Valéry, aun las más corrientes, son caras, y la comprensión de sus poemas requiere un esfuerzo. Yo he tenido la fortuna de poder remontar ambos obstáculos. Poseo toda o casi toda la obra de Paul Valéry (pues, realmente, uno llega a perderse un poco en el laberinto de sus ediciones) y me sé de memoria —para llevarlos siempre conmigo, como un bálsamo secreto contra el fastidio y la imbecilidad exteriores— grandes fragmentos de sus poemas. Muchas veces, en estos calamitosos tiempos, cuando las declaraciones y gansadas que uno lee u oye de continuo se hacen insoportables, yo no tengo más que apartar levemente la mirada y murmurarme a mí mismo estas divinas y orquestadas palabras:

Chienne splendide, écarte l'idolâtre !
Quand solitaire au sourire de pâtre.
Je pais longtemps, moutons mystérieux,
Le blanc troupeau de mes tranquilles tombes,
Eloignes-en les prudentes colombes,
Les songes vains, les anges curieux !...

El hombre que ha escrito la sinfonía intelectual de *La jeune Parque*, tan rica de matices y tan llena de resonancias; el autor de la *Ebauche d'un serpent*, ese tapiz de un paraíso con fondo de Boticelli, una Eva de Leonardo y una serpiente goethiana; el espíritu capaz de condensar en *Le cimetière marin* todo el esplendor sensual y la esencia intelectual del Mediterráneo, desde las costas griegas a las provenzales y catalanas, es un poeta extraordinario, es —como decían ya los florentinos en tiempos del Dante— un altísimo poeta.

Pero no es mi intención hablar ahora (lo haré, si acaso, otro día) de la obra de Paul Valéry, sino de los ataques que está recibiendo y, sobre todo, de lo que significan una y otros. Dicen de Valéry que es oscuro. Alguna vez lo será, ciertamente. En otras ocasiones es preciosista: establece analogías que desconciertan, porque son equívocas (como el primer verso de *Le cimetière marin*), y forja imágenes complicadas y un tanto retorcidas (como el último). Mas esto no es propiamente Valéry: esto es la moda del tiempo, la influencia del simbolismo, el rebuscamiento o gongorismo característico de la moderna literatura refinada. Cuando Valéry es realmente él, no aparece oscuro ni enrevesado, sino tan sólo difícil. Confieso que yo hube de leer veintitantas veces *Le cimetière marin* antes de poder penetrar del todo en la vasta serenidad de su cercada altura. Pero la fruición final, que es el premio a este esfuerzo, no puede ni compararse, por su superioridad, a ninguna de las que proporcionan las lecturas fáciles. En esta poesía ocurre lo mismo que con las plazas fuertes, la música sinfónica y los encantos femeninos: el gozo de la posesión aumenta en razón directa del número de asaltos (mientras sea también razonable, ni excesivo, ni escaso) que se necesitaron.

Es decir, que es una gran poesía. Y si repasasen la historia literaria, los enemigos que hoy combaten a Valéry (hablo únicamente de los de buena fe, pues a los demás lo necesario no es convencerlos, sino dejarlos) se encontrarían, con natural estupor, que esa ha sido siempre la condición de las grandes poesías. Lo demás es simple talento, es mediocridad o *folklore*. Nuestros hábitos democráticos, que política y socialmente son los únicos buenos, por ser los únicos justos, nos han inducido poco a poco a aplicar injustamente al arte principios electorales y criterios propios del sufragio universal. La poesía —como la pintura, la música, el teatro— se exige que sea fácil, que guste a todo el mundo, que esté al alcance de todas las inteligencias, como el tranvía lo está de todas las fortunas. Esto es lo que yo llamo la democratización de las bellas artes, error gravísimo y pérdida innecesaria acarreados por la beneficiosa democratización de la sociedad moderna. Se ha llegado a suponer que también en poesía votos son triunfos.

Ninguno de los más grandes poetas, ninguna de las máximas fórmulas de lirismo han sido jamás populares en el sentido de que sus obras maestras fuesen conocidas y debidamente apreciadas por la mayoría. Lo popular de los grandes poetas es la leyenda que se forma en torno de ellos, como en el caso del Dante, no su poesía, ni mucho menos la esencia de su poesía. En esta forma, Paul Valéry puede ser también popular, y su nombre lo sería indudablemente, no su espíritu, si por alguno de los imprevisibles azares de la política o la gloria, que es en gran parte una política de la celebridad, un día llegase a coronársele públicamente o a convertírsele en símbolo de cualquier cosa populachera, sentimiento o pasión. Pero la substancia de un poeta, el meollo de su divina música, eso no lo percibe ni lo percibirá nunca nadie más que una escasísima minoría.

Después de las grandes concesiones que un genio como Wagner debió hacer, consciente y hasta inconscientemente, a la masa, que hoy día pesa tanto, me parece delicioso aquel incorruptible *Pelléas et Mélisande* del exquisito Debussy, escrito de espaldas al respetable público para solaz exclusivo de contadas almas. Después del plebeyismo desenfrenado de una gran parte de la pintura del XIX y sus zalamerías al gusto del comprador, Picasso es un vengador sarcástico, tomándoles ahora el pelo a los burgueses y alocándoles con sus esperpentos cubistas; ...y, de pronto, cuando le da la gana, acabando de desorientarles con sus telas dignas de Velázquez y sus dibujos dignos de Leonardo. Después que la poesía, durante el XIX y lo que va del XX, sirvió para todo, incluso para los reclamos de la industria, es reconfortante ver que Valéry la emplea y maneja como el más delicado instrumento de precisión, como un receptor de las más altas ondas intelectuales. El único inconveniente de esta reacción necesaria —de urgencia en otras muchas artes— es que el hermetismo llegase a producir una literatura sólo para mandarines o una escolástica rimada y conceptual. Pero el día que esto sucediese sería señal de que el espíritu habría dejado de soplar en esa dirección. Y entonces, ¿qué importarían los rezagados y perdidos por el camino si uno solo hubiese logrado llegar a la meta?

La democracia es socialmente la más útil y portentosa conquista del hombre, por ser la más antiindividual. Por eso el gran arte —esencia de individualismo— no puede, no debe ser democrático.

G. K. Chesterton*

Aunque sea a riesgo de contrariar a los «Amics de Chesterton», entre los cuales también los tengo yo excelentes, no me queda más remedio que decir la verdad. Y la verdad, en este caso, es que *Herètics* —la primera de la serie de obras debidas al famoso escritor inglés, cuya versión al catalán, La Nova Revista viene anunciando desde hace mucho tiempo como un acontecimiento sensacional, memorable y quizá decisivo para nuestra cultura— me parece muy por debajo de una obra siquiera mediana: me parece rotundamente mediocre.

En el precinto de cada ejemplar se dice, a manera de reclamo, que *Herètics* es «una de las obras maestras más sensacionales del autor». Ni es una obra maestra ni tiene, por lo menos a estas horas, nada de sensacional. Son infinitamente superiores a ella otras varias publicaciones de Chesterton entre las que yo conozco, y no las conozco todas. Por ejemplo, *Ortodoxia* (lo mejor y más sólido de ese escritor inglés, que yo sepa, a pesar de las incontables flaquezas que contiene); sus novelas de aventuras metafísicas, como *El hombre que fue jueves*; sus cuentos policíaco-simbólicos, como la serie del padre Brown, y hasta multitud de admirables artículos periodísticos, publicados desde hace años en *The Daily News*, en *The Illustrated London News*, en *The New Witness*, en el *Nash's* y en otros diarios, revistas y magazines.

Sospesándolo sin prejuicio alguno, *Herètics* es un libro plúmbeo. Diríase compuesto de viejos artículos polémicos, aparecidos aquí y allá en diferentes épocas, recopilados luego entre un prólogo y un epílogo que les sirviesen como de faja de contención, y dados a luz bajo un título improvisado y equívoco que promete muchísimo más de lo que en realidad contiene. No negaré que, en su

* «Chesterton en catalán. Un injerto estéril», *La Vanguardia*, 17-VIII-1928.

día y en el ambiente inglés, esos trabajos tuviesen una merecida y circunstancial resonancia. Mas hoy, enfriados completamente, en gran parte vetustos, llenos de alusiones locales y de sobreentendidos idiomáticos, al leerlos en catalán resultan muy fatigosos, a menudo casi ininteligibles y, de un cabo a otro, insípidos. Es una extraña mezcla para nuestro paladar, completamente exótica, de limón, pimiento, mostaza, pepino, *picklets* [sic], etc., como esas a que son tan aficionados los ingleses de casas de huéspedes. Nosotros, gente aferrada al pan, al vino, a la sal y al aceite de las mesas grecolatinas, sólo podemos apreciar relativamente esa química anglosajona cuando está en su punto y muy fresca. Los ingredientes de *Herètics*, por el contrario, ya huelen terriblemente a cosa rancia.

Es por lo menos curioso (yo creo que es algo más, que es sintomático) lo ocurrido a los tres primeros escritores ingleses de nuestros días, Wells, Shaw y Chesterton, en nuestro pequeño mundo intelectual. Los dos primeros no han ejercido la menor influencia en Cataluña y ni siquiera han alcanzado en ella la resonancia de los franceses y hasta los italianos de cuarto y quinto orden. El último, Chesterton, parecía que iba a sufrir la misma suerte. Hace unos quince o dieciséis años que conozco una buena parte de su obra. José Carner se entusiasmó con ella una temporada, hace muchísimo tiempo, e incluso intentó introducirla en Cataluña. Nadie le hizo caso. Y ahora, cuando Chesterton parece haber agotado ya la extensa gama de su personalidad y en su propio país declina rápida y sensiblemente, de pronto aquí se le descubre con arrobamiento, se le ensalza sin limitaciones, se le glorifica hiperbólicamente y se organiza su apoteosis editorial. ¿A qué se debe una explosión tan desproporcionada?

Sin duda, a varias causas; pero una de las principales es el determinado matiz retrógrado que presenta la obra de Chesterton. Ante la angustiosa incógnita del mundo actual, H. G. Wells abre visionariamente los ojos hacia el porvenir y extiende con cierto frenesí de iluminado los brazos hacia el futuro, hacia el más remoto futuro. Yo no sé que haya sido traducida al catalán ni una sola de sus obras de apostolado social. Bernard Shaw, ante los mismos pavorosos problemas, se mantiene prodigiosamente por encima de todos ellos, dando estupendos saltos de uno a otro risco, sin romperse la crisma y negándose a posarse en ninguno de ellos, prefiriendo la eterna inquietud de lo vivo al eterno reposo de lo convencional. Tampoco a nuestros espíritus les gusta tanto ajetreo, tanto riesgo, tanta incomodidad. La edición catalana de las obras de Shaw, intentada discretísimamente y en condiciones económicas viables por mi querido amigo Carlos Capdevila, el actual director de *La Publicitat* (que Dios conserve en sus manos muchos años), fue hace poco un fracaso editorial. En cambio, Chesterton, con ser el menos grande de esos tres colosos británicos, y con mucha diferencia, ha logrado en Cataluña lo que ni a sus mismos hijos se concede. Y es porque Chesterton, ante el vertiginoso aspecto de las realidades contemporáneas, no busca salida hacia adelante, como Wells, ni se mantiene haciendo trágicas piruetas sobre los abismos, como Shaw, sino que aconseja retroceder, diciendo bonitamente: «No hay paso. ¡Volvámonos a la Edad Media!». Y esto siempre ha gustado a la gran mayoría de la intelectualidad catalana del Renacimiento actual, incluso a la más joven. Los grupos audaces, como el de *Joventut*, han sido siempre la excepción entre nosotros. El Renacimiento de Cataluña es, en este y otros aspectos, una rara clase de renacimiento. Es un Renacimiento que tiende hacia la Edad Media.

Parapetado en su Medio Evo convencional, que es una utopía como otra cualquiera, la estrategia de Chesterton consiste en ir tirando bala rasa contra todo lo moderno: las teorías científicas, las especulaciones filosóficas, las tendencias políticas, los ensayos de renovación ética y social, y cuanto constituye la angustia y el dolor, pero también la nobleza y la sal de nuestro tiempo. La táctica más corriente en Chesterton es la de maniobrar al enemigo de tal manera que lo vuelve del revés ridículamente, como una media. Es un formidable espíritu de contradicción. Rudyard Kipling, por ejemplo, pasa por encarnar el anhelo imperial británico, el máximo patriotismo de su raza, su país y su tiempo. Pues Chesterton demuestra, a su manera, que Kipling es la menor cantidad posible de patriota. ¿Wells es tenido por un gran progresista y Shaw, por un genio de la paradoja? Chesterton hace del primero una víctima inconsciente del oscurantismo, de cierto oscurantismo también *made by* Chesterton, y del segundo sostiene que es el espíritu más consecuente del mundo. Los misterios dogmáticos, según el autor de *Herètics*, son lo más cierto que existe, precisamente por ser misterios, y nada hay tan falaz como las verdades científicas, precisamente porque son verdades.

Semejantes escarceos dialécticos, que parecen más bien una prestidigitación que una esgrima de la inteligencia, como estén bien llevados, distraen un rato. Pero Chesterton hace un tal abuso de ellos, los acumula de tal suerte, los prodiga tan vertiginosamente delante del lector y los enreda, complica, baraja y confunde entre sí en tamaño desorden, que en seguida fatiga, harta pronto y, finalmente, marea. ¡Qué diferencia entre él y un José de Maistre, aquel clásico e impecable maestro de armas! Chesterton, comparado con él, a duras penas parece un gañán. Y no nos atrevamos siquiera a enfrentarlo con el formidable Pascal, el más grande de los atletas de la polémica religiosa. Pascal ahoga, Chesterton asfixia. Cuando el primero os tiene agarrados por el cuello, todavía es posible amarle y admirarle. Pero Chesterton acaba siempre por molestar, a pesar de que nunca logra ni siquiera asiros con fuerza. Pascal es una luz maravillosa y limpia, sin humo, fulgor de rayos anímicos que se enciende en el fondo de una negra caverna. Chesterton —para decirlo con una imagen que podría ser suya— parece un atolondrado que, para iluminar una oscura bodega, comienza a rascar y encender fósforos de mil clases distintas: de madera, de azufre, de yesca, cerillas y hasta bengalas. Es innegable que produce un continuo relampagueo de todos colores, a cuyo fulgor se divisan algunas cosas en torno. Pero, finalmente, la apestosa humareda acaba por llenarlo todo. Las llamas intermitentes ya no alumbran, os escuecen los ojos, os atosiga el aire y acabáis por mandar a paseo al hombre de las cajas asfixiantes. «Sí, amigo, sí: todo lo que usted quiera, pero déjeme usted en paz». Os lo quitáis de encima y abrís con delicia, de par en par, las ventanas.

Y no es que canse porque continuamente está de broma, como cree suponer el mismo Chesterton, contestando a una objeción del crítico inglés McCabe. Lo que cansa es la clase de su broma, porque hay clases de broma que no cansan.

También ironizaban continuamente Luciano de Samosata y Voltaire, y combatían riendo y burlándose. Pero la índole de su ironía era tal que incluso divierte a los mismos a quienes escandaliza. Se puede estar completamente en contra de esos escritores, abominar de sus doctrinas y condenar sus ideas, pero nadie que tenga paladar se cansa de leerlos. En cambio, la broma especial de Chesterton molesta incluso a muchos de sus correligionarios. Y esto sí que me parece fatal. Es una broma intempestiva, como un oficio religioso cantado con aires de *music-hall*.

Por esto creo que el injerto de la obra de Chesterton en la cultura catalana no puede dar fruto. Y el desusado reclamo que ha querido hacerse entre nosotros a ese autor, con los extraordinarios honores que se le rinden, me obligan a tocar una vez más la persistente incoherencia de nuestra vida intelectual, donde un grupo de literatos católicos hace un considerable esfuerzo para darnos las obras de un Chesterton cuando todavía nadie parece haberse acordado de las de un san Agustín.

P. S.: Se me olvidaba decir que lo más agradable del libro *Herètics* ha sido para mí el prólogo, debido al traductor de la obra, don Pablo Romeva. No comparto su criterio sobre Chesterton, pero las páginas en que va aquel expuesto me parecen una muestra excelente de lo que deberían ser siempre esta clase de introducciones.

LITERATURA HISPÁNICA

Miguel de Cervantes*

Uno de los más largos y crudos inviernos que se recuerdan en Europa —el de 1929—, a primeros de febrero, andaba yo una mañana por las afueras de Barcelona en compañía de cierto amigo mío, alemán de Königsberg, que acababa de llegar por vez primera a España. Después de haber caminado apaciblemente un par de horas, tuvimos que sentarnos a descansar al aire libre, en pleno campo, sobre el declive de una de esas colinas barcelonesas que descienden desde la serranía del Tibidabo hasta la playa de Montjuic en ondulaciones amplias, perezosas y lentas, como si la tierra, ante su inminente hundimiento bajo el Mediterráneo, comenzase ya a amoldarse a la serena respiración del mar.

Eran las once. El campo estaba salpicado de pinares claros que destacaban sobre la dorada luminosidad de invernales viñedos. Y más abajo, en las hondonadas de los barrancos, los algarrobos orlaban con sus motas densas las tapias de antiguos conventos y algunos olivos dispersos tamizaban con su telaraña de plata el panorama de la ciudad, acolchada en el fondo de la llanura bajo un velo de bruma solar. Extendimos en el suelo los abrigos y nos sentamos al rasero de un muro encalado. Y estábamos así, respirando la tibia soledad sin viento, mudos de bienestar inefable, cuando mi amigo alzó los ojos y descubrió, de pronto, por encima del muro blanco que nos resguardaba, las ramas más altas de un almendro en flor, que asomaban todavía estremecidas de su reciente y delicado milagro, enarbolando sobre el esmalte profundo del cielo su resplandor de aurora vegetal.

* «Barcelona. "Mar alegre, tierra jocunda, aire claro"», *La Vanguardia*, 30-V-1930 y 6-VI-1930. Reproducimos este breve ensayo del *Libro de Oro de la Exposición de Sevilla*, monumental publicación cuyo primer tomo acaba de salir a la luz. (N. de Gaziel)

Mi amigo de Königsberg lanzó un suspiro. Miraba la tapia encalada, miraba el almendro, miraba el espacio. «¡Y pensar que estamos a tres de febrero!», dijo al fin.

Entonces, no sé por qué, se me ocurrieron aquellas mágicas palabras de Cervantes sobre Barcelona: «Mar alegre, tierra jocunda, aire claro»...

•

Que yo recuerde, Cervantes escribió tres elogios de la capital de Cataluña. Mejor dicho: dos de Barcelona y uno de los catalanes en general. El más conocido es aquel, tan sobado en toda suerte de ocasiones, aun las más disparatadas, que figura en el capítulo LXXII de la segunda parte del *Quijote*, cuando al volver este a su aldea, y estando ya muy cerca de ella, en un mesón se encontró con D. Álvaro Tarfe, el caballero granadino que aparece en la continuación de la obra de Cervantes hecha por Avellaneda. Don Quijote quiere convencer a D. Álvaro de que el hidalgo cervantino es el único caballero andante legítimo, ya que el de Avellaneda era apócrifo. Y para demostrárselo, le dice que nunca ha estado él en Zaragoza, adonde Avellaneda condujo a su héroe, sino tan sólo en Barcelona, «archivo de la cortesía, albergue de los extranjeros, hospital de los pobres, patria de los valientes, venganza de los ofendidos y correspondencia grata de firmes amistades, y en sitio y en belleza, única».

Mucho menos sabido es el pasaje de una novela ejemplar, *Las dos doncellas*, en que Cervantes redobla todavía sus hiperbólicas alabanzas a Barcelona. La caravana de los protagonistas, que desde Sevilla vienen pasando innumerables peripecias, una tarde, «poco antes de que el sol se pusiese», llega por fin a la capital de Cataluña. «Admiróles —dice entonces Cervantes— el hermoso sitio de la ciudad, y la estimaron por flor de las bellas ciudades del mundo, honra de España, temor y espanto de los circunvecinos y apartados enemigos, regalo y delicia de sus moradores, amparo de los extranjeros, escuela de la caballería, ejemplo de lealtad y satisfacción de todo aquello que de una grande, famosa, rica y bien fundada ciudad puede pedir un discreto y curioso deseo».

Finalmente, casi tan sólo los eruditos conocen el elogio a los catalanes que se encuentra al final del capítulo XII del libro III de *Persiles y Segismunda*, obra que ya no lee nadie desde hace siglos, a pesar de que, según el propio Cervantes, este libro había de ser «el más malo o el mejor que en nuestra lengua se haya compuesto», aunque no es una cosa ni otra, sino una pura mediocridad, con fugaces destellos que revelan la incomparable pluma de donde salían. Allí se lee, pues, que la bella Ambrosia —una de las damas de la novela—, durante su estancia en Barcelona, fue muy visitada y agasajada por «los corteses catalanes, gente enojada, terrible y pacífica, suave; gente que con facilidad da la vida por la honra, y por defenderlas entrambas se adelantan a sí mismos, que es como adelantarse a todas las naciones del mundo».

No podemos los catalanes quejarnos de Cervantes. Y, realmente, como dice el señor Rodríguez Marín, el primero de los cervantistas actuales, «Cataluña ha correspondido muy bien a los elogios» que le prodigó el príncipe de los ingenios castellanos. Una de las mejores bibliotecas cervánticas del mundo está en Barcelona, en el Institut d'Estudis Catalans. No hay en Cataluña biblioteca particular, por modesta que sea, en la que falte el *Quijote*. Verdad que esto podría decirse también de casi todo el mundo civilizado a la manera de Occidente. Pero el caso es que yo he encontrado el máximo libro de Cervantes no sólo entre los eruditos y letrados, sino hasta en los más apartados rincones de Cataluña, en las aldeas pirenaicas y en las parroquias colgadas de una peña como nidos de águila. Y muchas veces el *Quijote* no tenía otro acompañante, en el rústico anaquel o sobre la mesa de pino, que un cuaderno de cuentas o un libro de rezo. La influencia de Cervantes en Cataluña ha presidido, además, una buena parte, tanto como la mitad, del actual renacimiento literario catalán. Los escritores del siglo XIX, que restauraron la lengua vernácula de Cataluña, estuvieron bajo el influjo de dos corrientes principales. Los poetas adoptaron las formas del romanticismo entonces imperante: el castellano, el italiano y el francés, principalmente. Y los prosistas eran en su gran mayoría clasicistas, con esos giros, esa soltura y esa cadencia de frase peculiares de la especie de clasicismo que caracteriza a Cervantes.

Hasta hace muy poco, hasta que comenzaron a encontrar un ritmo propio e interno, los catalanes que escribían en prosa estaban empapados del *Quijote*.

•

Sin embargo, las desmesuradas y correspondidas alabanzas de Cervantes a Barcelona y a los catalanes, según quedan transcritas, no son todavía el mayor de los homenajes que les tributó el primer escritor de Castilla. Incluso me atrevería a decir que, en cierto modo, a mí me dejan frío. Quien esté acostumbrado al estilo cervantino y relea atentamente esas frases ampulosas, llenas de adjetivos laudatorios y de hipérboles que llueven a granel, experimentará —sobre todo si es catalán— esa especie de sofocación que producen en quien las recibe (a menos que sea un tonto de solemnidad) las manifestaciones de una cortesía excesiva. Esa manera de alabar, tan aplastante para el alabado, era una moda del tiempo. Cervantes suele hablar siempre así de todas las tierras y ciudades que visitó durante su azarosa y andariega vida. Recordemos que Lepanto le pareció «la más memorable y alta ocasión que vieron los pasados siglos ni esperan ver los venideros». Fue, realmente, un acontecimiento muy importante; pero tanto, no. A Carlos V le llamó Cervantes «hijo del rayo de la guerra». ¿Qué reservaba para Alejandro y César? De muchísimas ciudades y razas escribió ditirambos parecidos a los que dedicó a Barcelona y a los catalanes. Todo esto era, en aquellos tiempos, una especie de reverencia convencional y casi obligatoria que los escritores debían hacer a los grandes y a los poderosos, entre los cuales figuraban, además de los príncipes, las ciudades nobles. Esas frases —dedicatorias de obras y elogios prodigados al correr de la pluma— se parecen mucho a las que en nuestros tiempos democráticos los periodistas y los actores no dejan nunca de dirigir aduladoramente al «respetable público», aunque a menudo no sea más que un conjunto plebeyo y borreguil.

De manera que las alabanzas de Cervantes, cuando pertenecen a esa clase, aun siendo de agradecer, tampoco hay que tomarlas demasiado en serio.

•

¿Querrá esto decir que la proverbial admiración del gran escritor castellano por Cataluña y, en especial, por Barcelona es una cosa falsa? De ninguna manera. No sólo es cierto que Cervantes sentía una viva atracción por esta tierra hispana y por su capital, sino que, además, yo me atrevo a decir que ningún otro artista, antes o después de él, ha sabido descubrir mejor la esencia del paisaje catalán mediterráneo ni fijarla en una más breve y definitiva expresión lapidaria. Ni los mismos escritores catalanes han hecho otro tanto. Pero esa fórmula insuperada no figura, precisamente, como vamos a ver, en ninguno de los fragmentos transcritos. Está en otra parte, y está en el *Quijote.*

Uno de los más extraordinarios misterios de ese libro, que se burla de los encantadores, es la especie única de encantamiento con que en él aparece captado el paisaje. Dícese comúnmente que el sentimiento de la naturaleza no entró en la literatura europea hasta el romanticismo. Las obras clásicas y, en general, todas las anteriores al siglo XIX o a fines del XVIII, dícese que carecían de atmósfera circundante. Los personajes se movían en ellas como en un ambiente abstracto, algo así como actores representando una fábula en un escenario sin decoraciones ni baterías de luces. El lugar de la acción era un elemento harto secundario, a lo sumo señalado con una indicación convencional. Todos los palacios eran «suntuosos»; las praderas, «amenas»; los campos, «floridos», y las cabañas, «humildes». Para que la naturaleza cobrase personalidad y apareciese el «color local» en la literatura, tuvo que esperarse a que viniesen los románticos con su rica paleta.

Habría mucho qué hablar sobre esto. Pero sólo diré que no hay en la literatura europea, de 1800 acá, ninguna obra que en intensidad paisajista supere al *Quijote.* Y lo asombroso es la manera como está logrado el milagro. Para fijar sus paisajes, los románticos, y después de ellos los naturalistas, que fueron unos románticos entristecidos, se valían invariablemente de un medio: la descripción intercalada en la acción. El hilo o trama de las novelas románticas y naturalistas queda a menudo en suspenso. La acción se para. Comienza una descripción.

El autor deja momentáneamente a un lado sus personajes y se pone a describir un campo, una marina, un barrio ciudadano o una carrera de caballos. La descripción, que a veces ocupa un párrafo y a veces, páginas y hasta pliegos enteros, obstruye el curso de la acción y la remansa. La fuerza motriz de la novela, en estos pasajes, ya no es el tiempo: es el espacio.

En el *Quijote* no hay nada de eso. Descontando las interpolaciones de otras historias ajenas a la principal, como la del «Curioso impertinente», la de «Cardenio» o la del «Cautivo» —que son verdaderas novelas metidas dentro de la novela, según la moda del siglo—, el *Quijote* es todo acción, es una sarta de aventuras formando collar en la hebra del tiempo. El espacio donde se desarrollan no las interrumpe para nada. En el *Quijote* no hay descripciones. No hay más que ligeras y rapidísimas acotaciones de lugar. Y, sin embargo, la sensación del paisaje que da ese libro es verdaderamente formidable.

La Mancha no está descrita en ninguna parte. Sierra Morena, tampoco. El Toboso es una pura sombra ingrávida en la noche lunar. Los campos de Montiel sólo están nombrados. Pero me basta cerrar los ojos y decirme esta palabra evocadora: el *Quijote,* para que en mi espíritu se abran las inmensas y exactas perspectivas de sus incomparables paisajes. En vano recurriré al texto para verlos representados en palabras. En el texto no hay nada o casi nada referente a ellos. La maravilla del *Quijote* es que sus paisajes están «entre líneas».

•

El máximo homenaje que Cervantes rindió a Cataluña y a Barcelona figura en *El ingenioso hidalgo.*

A medida que don Quijote y Sancho se van acercando a nuestra tierra, sin que el autor lo diga expresamente, sin que su pluma fácil haga el menor esfuerzo para subrayarlo, el lector experimenta poco a poco una sensación rarísima, como si el aire que circula por las páginas de la obra, en los claros del texto y en las interlíneas, fuese cambiando por momentos. Amo y criado atraviesan silenciosa y solitariamente la estepa aragonesa. «En más de seis días —dice Cervantes— no les sucedió cosa digna de ponerse en escritura». Y, apenas entran en tierra catalana, se produce una profunda mutación en el paisaje, en la atmósfera que rodea a los dos aventureros y hasta en el mismo ritmo interior del *Quijote*. Les tomó la noche —se lee en el capítulo LX de la segunda parte, que trata de «lo que sucedió a don Quijote yendo a Barcelona»— «entre unas espesas encinas o alcornoques». Esos alcornoques y su desacostumbrada densidad, digna de ser notada, son uno de los imperceptibles toques de pluma, que más bien parecen de varita mágica, característicos del arte genial de Cervantes. A pesar de hallarnos en pleno mes de junio, a punto de entrar ya en el verano, Cervantes nota que «era fresca la mañana y daba muestras de serlo asimismo el día». ¡Cuán lejos estamos ya de la altura y la sequedad de la planicie castellana! La brisa marina, el viento fuerte y húmedo del Mediterráneo se va filtrando por las hojas del libro y viene a refrescar las áridas sienes del sublime loco aventurero. Y lo primero con que topa su criado, cuando iba a descabezar un sueño arrimándose al tronco de un árbol, es con las piernas de algunos forajidos y bandoleros ahorcados colgando de las ramas. «Por donde me doy a entender —dice certeramente don Quijote al constatar el hallazgo macabro— que debo de estar cerca de Barcelona». Y poco después, amo y criado caían en las manos rudas y caballerosas, temibles y francas, del bandido romántico Roque Guinart. Aire de fronda, aire de mar; rebeldía y pasión; dinamismo exaltado y llaneza robusta: ¡ya estamos en Cataluña!

•

«Tres días y tres noches estuvo don Quijote con Roque —dice Cervantes—, y si estuviera trescientos años, no le faltara qué mirar y admirar en el modo de su vida». Esta será, en efecto, la actitud de don Quijote durante toda su estancia en Barcelona: una actitud pasiva y asombrada, diametralmente opuesta a su carácter íntimo. La actitud natural —y no es un juego de palabras— en quien está descubriendo el Mediterráneo.

Este magno descubrimiento constituye uno de los más bellos episodios del *Quijote*, ya que en él palpita, hasta culminar en una definición lapidaria, la intensa simpatía que Cervantes experimentaba por la capital de Cataluña. Reléase atentamente el capítulo LXI de la segunda parte del *Quijote*. El movimiento, el color y la luminosidad de estas páginas son únicos en la obra. Cervantes encendió todas las baterías de su imaginación para representar ese momento espléndido en que los dos aventureros castellanos llegan a Barcelona y quedan materialmente deslumbrados ante el descubrimiento del Mediterráneo. «Llegaron a su playa —dice el autor— la víspera de San Juan, en la noche». ¡La verbena de San Juan! Fogatas, músicas y cantos populares: la fiesta mayor, como si dijéramos, de Cataluña entera. Pasaron la noche al raso, respirando el relente marino; don Quijote, sin apearse del caballo, impaciente por ver el nuevo día. «Y no tardó mucho cuando comenzó a descubrirse por los balcones del Oriente la faz de la blanca aurora». ¡Aurora de San Juan, con el sol envuelto en lo jirones de las fogatas nocturnas!

«Tendieron don Quijote y Sancho la vista por todas partes: vieron el mar, hasta entonces de ellos no visto». Vieron las caleras que estaban en la playa, «llenas de flámulas y gallardetes, que tremolaban al viento y besaban y barrían el agua». Oyeron sonar clarines, trompetas, chirimías y atabales, y ruido de cascabeles. Comenzaron a moverse las naves por las sosegadas aguas, «correspondiéndoles casi al mismo modo infinitos caballeros que de la ciudad sobre hermosos caballos y con las vistosas libreas salían». Los soldados de las galeras disparaban salvas. Respondían los que estaban en las murallas y fuertes de la ciudad. La artillería gruesa «rompía los vientos» y retumbaban los cañones de crujía de las galeras. Mientras, el sol, «con el rostro mayor que el de una rodela, por el más bajo horizonte poco a poco se iba levantado».

Y en este punto es cuando Cervantes lanza, desde el fondo de su henchida emoción, aquellas pocas palabras mágicas, definitivas, que nadie ha podido superar todavía y que condensan el panorama entero de Barcelona, todo el esplendor de la costa de Cataluña: «El mar alegre, la tierra jocunda, el aire claro...».

Escrita hace más de tres siglos, esta definición sigue siendo tan maravillosamente exacta como el primer día.

•

Lo que Cataluña y Barcelona han de agradecer, pues, a Cervantes —mucho más que sus ampulosos elogios— es el haber percibido y expresado magníficamente el hecho de su diferenciación hispánica.

Por primera vez en todo el *Quijote*, diríase que, al llegar a Cataluña, los dos protagonistas de la obra se esfuman un poco, pasan a segundo término, pierden relieve personal, como si naufragasen en el nuevo ambiente que les rodea. Durante toda su estancia en Barcelona, el medio les absorbe, hasta el punto de tener más importancia la vida externa que llevan que su propia vida interior. La democracia catalana es demasiado exuberante de color y vibra excesivamente para que esas dos pardas figuras sigan destacándose por encima de ella, como destacaban en la soledad de Castilla. Sólo más tarde, al salir de Cataluña derrotadas y tristes, vuelven a agigantarse paulatinamente, a medida que se alejan del mar, para sumirse otra vez tierras adentro.

En el gran acorde peninsular ibérico, Castilla representa y ha representado siempre, de manera eminente, el relieve de la personalidad individual, y Cataluña, el imperio de la masa. La medula de Castilla es jerárquica y aristocrática; la de Cataluña, democrática y niveladora. Mientras el valor histórico más cotizado fue el valor personal, Castilla ocupó en Europa un plano de primer orden. Y siempre que en la Península ha intentado destacarse el valor de la masa colectiva, la calderilla popular, por encima de la privilegiada moneda de oro, Cataluña ha ido al frente de esos impulsos malogrados.

En el *Quijote* se percibe admirablemente que, al penetrar en Cataluña, el ingenioso hidalgo y su escudero quedan diluidos en un ambiente popular y dinámico. De actores que eran hasta entonces, pasan más bien a ser espectadores. Los fantasmas de su soledad interior parecen disolverse o borrarse ante la realidad externa imperante. Y el doloroso contacto con ella les produce la íntima conmoción que habrá de devolverles la perdida cordura.

Cervantes pertenece a una época en la que todavía palpitaba, aunque en plena decadencia, el profundo sentido de las Españas, de esa rica y fecunda variedad peninsular que, sin haber dejado nunca de ser un hecho indestructible, jamás logró resolverse en una armonía superior y completa. Como en los colores del prisma, hay en la península ibérica tres tonos fundamentales: Castilla, Cataluña y Portugal. Castilla es el rojo, Cataluña el amarillo y Portugal el azul. El resto lo constituyen preciosos y delicados matices complementarios —anaranjado, verde, índigo y violeta —, compuestos de la mezcla de aquellos tonos fundamentales.

La capital de la franja amarilla, Barcelona, es algo inconfundible e irreductible, como Madrid y Lisboa. Y las tres juntas contienen toda la gama del espectro peninsular. Quien supiera acoplarlas armoniosamente obtendría lo que aún no han podido contemplar —aunque algunos videntes catalanes, castellanos y lusos lo entrevieron ya en sueños— ojos humanos: el iris incomparable formado por la bandera ideal de Hispania.

Eduardo Gómez de Baquero*

Espíritu muy culto y, por lo tanto, complejo, de él se pueden elogiar varias facetas: su ponderación, su equilibrio, sus dotes críticas, su amenidad, su capacidad de trabajo, la constante lozanía de su estilo..., y más aún. Pero lo que yo especialmente admiraba y amaba de ese gran periodista, verdadero maestro que jamás, por buen gusto instintivo, escribía *ex cathedra*, era su comprensión.

La comprensión es la virtud antípoda del dogmatismo. Y su flor delicada es la tolerancia, que brota y descuella entre los cardos de todos los fanatismos y sabe sonreírse de ellos. En las esferas del pensamiento, de la literatura y del periodismo, que recorrió y comentó como publicista variado y fecundísimo, Baquero no estuvo nunca encadenado a ninguna escuela, a ningún partido o a ninguna doctrina intangibles. No es que por huir de los criterios cerrados careciese él de uno propio, sino que el suyo era naturalmente abierto y, por lo tanto, comprendía mucho más de lo que de ordinario cabe en los cotos doctrinales, siempre exclusivistas. Para juzgar de las cosas, las ideas y los hombres, no usaba medidas patentadas. Era ante todo un espíritu libre y su instrumento de juicio no fue un metro convencional; era una luz eterna: la razón humana. Por esto amaba sobre todo el aire indispensable para que esa perenne centella respire y palpite, que es el aire de la libertad. Se comprende que el liberalismo fuese su única intransigencia, porque para él era tanto como el derecho a la vida y el consiguiente instinto de propia defensa. Baquero era más que liberal: yo creo que ha sido, en nuestros tiempos, el castellano liberal por antonomasia.

No es poca cosa. Y si se mira a fondo, se verá que es muchísimo. En países como Inglaterra y Francia, por ejemplo, las veleidades reaccionarias de algunos

* «Eduardo Gómez de Baquero. El castellano liberal», *La Vanguardia*, 20-XII-1929.

famosos intelectuales contemporáneos se explican muy bien. El intelectual puro suele ser, y hasta debe serlo en muchos casos, lo contrario del hombre práctico: un hombre que rema contra la corriente. El espíritu y la tradición liberales son tan fuertes en aquellos países, y están tan divulgados, casi tan vulgarizados, que, por instinto de contradicción, por inquietud ingénita y hasta por esnobismo, se comprende que algunos entendimientos cuya función esencial es la de reaccionar siempre, adopten una posición «reaccionaria», más bien debida al liberalismo de las circunstancias externas que a una profunda necesidad interior. Pero entre nosotros, en un país que jamás ha tenido verdadero espíritu liberal, ni en sus masas ni en sus individuos, porque las tres grandes erres europeas —el Renacimiento, la Reforma y la Revolución— resbalaron por encima de su costra, casi sin arañarla siquiera, la verdadera «reacción», en el sentido dinámico de la palabra, es la del liberalismo. Aunque parezca una paradoja, en España los reaccionarios perfectos, los únicos que reaccionan contra algo, ya que aspiran a renovar cosas viejas, son los hombres como Gómez Baquero.

He dicho que fue, por excelencia, el tipo del castellano liberal. Y he de añadir que su liberalismo era tanto más significativo por cuanto surgía del fondo de su castellanismo. Castellano y liberal son dos modalidades más antagónicas de lo que parece. Es muy fácil casarlas sobre el papel. Es muy difícil, muy raro, encontrarlas vivas y armonizadas en carne y hueso en un hombre. No quiero decir que en Castilla no haya liberales. Hay allí muchísimos, y de buena fe. Sin embargo, con frecuencia ocurre que lo son a la manera que también creemos ser cristianos la inmensa mayoría de los europeos, sin que nuestras prácticas cotidianas, nuestras costumbres y nuestra intervención en el mundo revelen, mediante actos fehacientes, nuestro espíritu de caridad, de pobreza y de renunciamiento. Esa admirable tierra castellana, una de las más originales y fuertes del universo, que no puede confundirse con otra alguna, ni en materia ni en espíritu, ha producido grandes frutos de civilización, pero no precisamente frutos de liberalismo. Más bien diríase que su terruño es por naturaleza contrario a ellos, sea de la clase que fueren, pues en la mejor época de su historia Castilla destiló todos los jugos, los famosos contravenenos con que se quiso atajar el pretendido envenenamiento de Europa por la nueva savia liberal. Por eso un espíritu como el de Baquero, tan castellano, tan madrileño y al mismo tiempo tan liberal y tan efectivamente comprensivo de lo ajeno, es todo un caso extraordinario [...][2] hablado con muchos castellanos [...], de cosas difíciles para ellos [...] contadas excepciones, incluso [...] llegaba un momento en que seguían escuchándome con benevolencia; pero yo veía claramente que, a pesar de su leal esfuerzo, ya no me entendían. Baquero fue quizá el único que se hacía perfecto cargo de todo, incluso de lo que no le seducía en lo más mínimo, incluso de lo que le contrariaba.

Fue un leal, un sincero, un excelente amigo de Cataluña y de los catalanes. Lo fue gracias a su generosa comprensión. Y esta procedía, en primer y último término, de su inteligencia. Hay hombres que miran las cosas con el corazón y otros que las contemplan con el entendimiento. Baquero fue de los menos sentimentales, pero de los más lúcidos que yo he conocido en España. La inclinación, la simpatía que demostraba por nuestros problemas, no era siempre, ni mucho menos, fruto de una adhesión romántica o idealista, ni tampoco de una concordancia de afectos. Era más bien una resultante de un examen desapasionado y un rendimiento intelectual ante ciertas premisas innegables y sus consecuencias lógicas. Varias veces, platicando con él, tuve la sensación de que algunas verdades las encontraba amargas. Si hubiese dependido de su voluntad, seguramente habría preferido convertirlas o modificarlas. Pero era tan hondo su respeto a las realidades espirituales que entre negar la verdad o reconocerla, prefería mil veces acatarla, aunque le contrariase, pues ninguna contrariedad le parecía peor que la de cerrar los ojos a los hechos vivos. Su avidez de comprensión era tal que para comprender y ser comprendido cada vez más, habría llegado a todos los sacrificios personales. Con una generación de españoles —de toda suerte de españoles— como Baquero, siquiera con una buena *élite* de ellos, este viejo país sería capaz de remozarse casi milagrosamente.

[2] En este párrafo del artículo hay varias palabras ilegibles en el original. (N. del Compilador)

Con la muerte de este gran castellano, me ha ocurrido algo insospechado que me temo ha de ser también lo que le ocurrirá a Cataluña con relación a él. Yo le quería y admiraba como a un amigo de verdad, como a un maestro delicioso e inagotable. Pero si me hubiesen preguntado qué impresión había de producirme su pérdida, me habría parecido que mi dolor no podía ser tan grande, tan íntimo, como el acarreado por la muerte de otras amistades más cercanas a mi corazón. Y, no obstante, ahora veo con estupor que la falta de Baquero, su desaparición espiritual, es para mí algo terrible. Por primera vez me doy perfecta cuenta de cuánto y de cómo le quería yo. Es algo extraño y profundo. A ese hombre tan inteligente, quizá también le amaba más con toda mi inteligencia que con todo mi corazón. Al fin y al cabo, le había tratado mucho menos de lo que le había leído. Pero se ve que los afectos intelectuales pueden ser tanto o más vigorosos que los cordiales. Y el entendimiento, cuando ama de veras, es más puro, más acendrado e incluso más sensible que el mismo corazón.

Vicente Blasco Ibáñez*

A todo hombre culto le habrá sorprendido más de una vez el hecho desconcertante de que las grandes obras clásicas de las ciencias históricas, y hasta de las físicas y exactas, pasan —es decir, dejan de leerse, dejan de interesar directamente a las nuevas generaciones— lo mismo, o quizá peor todavía, que las del arte literario. Ni Mariana, ni Voltaire, ni Johnson, ni Schlegel corren hoy en manos de los estudiantes, en sus respectivos países, a pesar de que la *Historia de España*, *El siglo de Luis XIV*, las *Vidas de poetas ingleses* y la *Literatura antigua y moderna* sean tenidos en aquellos como gloriosos y no sobrepasados monumentos. Esos libros incomparables, que parece deberían figurar en todas las bibliotecas para pasto de todos los espíritus cultivados, sólo se encuentran en las de los eruditos, y no los leen más que los especialistas.

Si algún profano acude a manejarlos, no es en busca de conocimientos y datos exactos —pues ya es sabido que, desgraciadamente, todos los clásicos andan plagados de errores como de vergonzosos parásitos, porque no tuvieron la dicha de vivir en nuestros días actuales, modelo de certidumbre y desinfección científicas—. Los escasos lectores de esos grandes libros sólo solicitan de ellos deleite literario, limpieza de idioma, gracia o vigor de estilo: todo lo que precisamente parecía lo más accesorio y marchitable de esas obras cuando se publicaron, pues lo que entonces deslumbraba de ellas era el peso y la calidad de su sabiduría. Si de lo que se trata es de aprender algo sólido y aprovechar el tiempo, no abráis nunca los libros de los grandes hombres. Cualquier estudiante os dará el título de alguna obra anónima o de autor indiferente que varía cada lustro o, a lo más, cada dos, pero que tiene la enorme ventaja de no contener patraña ni

* «Pláticas literarias. El mapamundi de Blasco Ibáñez», *El Sol*, 18-II-1928.

fantasía alguna, sino la verdadera ciencia, la última palabra de la ciencia, que es como si dijéramos (y ya se dice) «la ciencia al día».

La explicación de un fenómeno tan interesante —el de que las obras geniales del pasado sean siempre falsas y, en cambio, la verdadera ciencia se contenga nada más que en libros publicados hoy por autores mediocres o francamente malos—; esa explicación os la proporcionará —¿quién podía sospecharlo?— la muerte de Blasco Ibáñez.

¿Sois aficionados al estudio o examen de lo que yo llamo «la prensa comparada»? Es un ejercicio que requiere paciencia. Se trata de considerar lo que ocurre en el mundo, viéndolo a través de lo que dice no un solo periódico, por grande y bueno que sea, sino cada uno de los órganos de opinión más característicos de cada uno de los primeros países. Es una montaña de papel que es necesario tragarse. Pero si sabéis o podéis digerirla bien, ¡qué delicia intelectual! Cada uno de los periódicos es una lente de una curvatura y una coloración distintas. Cada país, con su conjunto de lentes afacetados, forma un maravilloso poliedro óptico. Y al final de la lectura, con el conjunto de poliedros a través de cuyas facetas os habéis acostumbrado a mirar, tenéis unos ojos portentosos y fantásticos, como los de la araña vistos al microscopio, y el mundo se os aparece como la verdadera maravilla de la creación. El único peligro es el vértigo. Si conserváis firme la cabeza, si lográis asimilar en ella todas las impresiones disparatadas que se atropellan en su interior, llegáis por fin a una especie de omnipresencia y superación realmente divinas.

Vista así, la muerte de Blasco Ibáñez ha sido uno de los espectáculos más formidables que se hayan presenciado jamás. Un lego en prensa comparada supondrá, en efecto, que la resultante de lo que del famoso novelista español han dicho todos los periódicos y revistas mejores del mundo ha de ser algo así como una figuración colosal, un retrato gigantesco de Blasco Ibáñez proyectado por mil linternas de haces convergentes sobre el fondo del firmamento estrellado. Y no hay nada de eso, sino algo mucho más curioso. Los millares de instantáneas del celebérrimo escritor publicadas por la prensa de las cinco partes del mundo no han dado por resultado un magnífico retrato, sino —¡fijaos bien!— un magnífico mapamundi. El retratado, en todo caso, ha sido el mundo mismo, pero no Blasco Ibáñez.

Cada fotógrafo, sin darse cuenta, al querer sacar una imagen del popular escritor, no hacía más que sacarse un autorretrato. Puestos todos ante Blasco Ibáñez, resulta que los franceses retratan a Francia, los ingleses a Inglaterra, los alemanes a Alemania, los yanquis a Norteamérica. Dentro de cada una de esas naciones, cada fotografía acusa especialmente las particularidades propias de su correspondiente taller: si este es rojo, aquella es roja, y si es blanco, blanca. E incluso, dentro de cada taller, el carácter personal del operador y hasta el humor que gastaba en el momento de sacar la fotografía aparecen claramente registrados en esta. Las pruebas españolas son de las más elocuentes. Así, tenemos no una imagen inconfundible de Blasco Ibáñez, sino una multitud alucinadora de imágenes contradictorias e irreductible entre sí.

Hay el Blasco Ibáñez genial y el adocenado; el noble y el charlatán; el malo; el patriota y el calumniador de su patria; el escritor irresistible y el amanuense soporífero; el grande por anticlerical empedernido y el pequeño por no comprender la religión; aquel cuyas mejores obras son las de asuntos valencianos; el otro, que llegó al pináculo con las de temas españoles; y el tercero, que sólo fue grande con las cosmopolitas; sin contar un cuarto, cuya grandeza no consistió en la pluma, tosca y destemplada, sino en la vida misma, en la acción; y pasando por alto aquel otro Blasco Ibáñez que en toda su vida no hizo nada bueno..., nada más que morirse. A los franceses (y tampoco a todos) les caía en gracia por meridional y por francófilo. A los alemanes les gustaba lo primero, pero no lo segundo. Los ingleses han dicho que las obras de Blasco no pasarán a la Historia, porque les repugnaba lo que en ellas había de excesivo en una y otra cosa, en su meridionalismo y en su francofilia. De los juicios emitidos en España no creo necesario hablar. Lo cierto es que el conjunto de lo que el mundo ha dicho de Blasco no sugiere a Blasco, sino que sugiere a un monstruo. Quien se propusiese juntar todos esos juicios y sacar de ellos una fórmula coherente estaría en inminente peligro de perder el suyo.

Mas si, por el contrario, en vez de buscar, en lo que de Blasco se ha dicho, una imagen fiel del escritor, volvemos la encuesta al revés y procuramos indagar, a propósito de su muerte, cómo son y piensan los que han sacado de él tantas y tan contradictorias fotografías, obtendremos un precioso mapa, un panorama exactísimo de las corrientes, ideas y posiciones más diversas del mundo letrado contemporáneo, una especie de compendio de geografía intelectual humana en 1928. Cada prueba distinta es una modalidad estética, política, psicológica o sentimental. Y el conjunto de ellas, con su gama riquísima y sus incontables matices, nos dará, ya que no la semblanza definitiva de Blasco, una colección de croquis inequívocos de sus comentaristas. La crítica de las críticas es una disciplina interesantísima que todavía está por fundar.

Y aquí se ve el por qué no se leen, como sería lógico, las grandes obras de las ciencias históricas y hasta de las más exactas. Cada época, cada generación tienen una manera peculiar, inconfundible e insustituible de ver las cosas, aun las que llamamos eternas. Lo ocurrido con los críticos de Blasco Ibáñez, que no hay manera de ponerlos de acuerdo entre sí, les sucede también, a lo largo del tiempo, a las sucesivas oleadas de intelectuales respecto de los grandes acontecimientos históricos y hasta de los fenómenos de la Naturaleza. ¿Qué fue la Revolución francesa? A esta pregunta, como a la de qué era Blasco Ibáñez, o qué es la materia, las generaciones irán contestando cada cual a su manera, según su propia visión y su posición respectiva, lo mismo que han hecho ahora los desacordes críticos del novelista español. Pasados trescientos o cuatrocientos años, la *Historia de la Revolución francesa*, de Michelet, seguirá siendo una obra maestra en su género, pero ya no satisfará a los lectores de entonces, como ya no satisface a los de hoy en el mismo grado que lo hizo respecto de sus contemporáneos. Esta divergencia misteriosa, agrandada cada día más, acabará por reducir los lectores de Michelet al círculo de los puros eruditos. El gran público seguirá teniéndole, de oídas, por un historiador clásico. Pero ya no lo leerá, y para enterarse de lo que fue la Revolución francesa preferirá acudir a un manual cualquiera mientras sea reciente, es decir, mientras le explique aquel hecho de una manera en consonancia con la sensibilidad actual, con la «última palabra de la ciencia», que, en definitiva, es la palabra del día. Porque el hombre, diga lo que diga, sólo sabe hablar de sí mismo.

Los hermanos Álvarez Quintero*

Ignoro hasta qué punto habrán sido bien acogidas la oportunidad y la forma en que se celebra el actual homenaje a los hermanos Quintero. En conjunto, considerado en toda España, me parece un poco gris y demasiado diluido. El público, los españoles que a centenares de millares conocen y admiran la producción quinteriana, se da cuenta suficiente de lo que ha querido hacerse. Quizá debía haber sido algo más breve, intenso y resonante: algo más ruidoso y más cascabelero.

Los Quintero son unos artistas que representan un matiz y una técnica únicos en la escena española moderna. Si miramos a nuestro buen padre Galdós, en el teatro (y en todas partes) se nos aparece, en cuanto al oficio, como un artista honrado que emplea y conoce a fondo los procedimientos tradicionales: el grabado al boj para el uso diario y el aguafuerte para los grandes casos. Benavente es ya otra cosa. Es más inquieto y ha seguido con interés las exposiciones de pintura moderna hasta la más exótica, sin olvidar nunca lo aprendido en el Museo del Prado y en las famosas galerías del Renacimiento italiano. La obra de Benavente se compone de innumerables croquis, esbozos, caprichos y apuntes al lápiz y a la pluma tomados durante sus correrías; una buena cantidad de ensayos magníficos al pastel, un poco blandos y muy sensibles a la acción del tiempo; y cuatro o cinco grandes y definitivas telas al óleo, que aseguran la perpetuidad de su talento y le permiten parangonarse con los más afamados ganadores de medallas de honor en las exposiciones modernas. Guimerà era un especialista en amplias pinturas al fresco de inspiración poemática. Rusiñol es un buen litógrafo sentimental y un caricaturista campechano, con una marcada superioridad de las ca-

* «Pláticas literarias. Un teatro acuarelista», *El Sol*, 15-II-1928.

ricaturas sobre las litografías. Marquina y los que han continuado su labor en el levantamiento del teatro en verso son pintores escenográficos que obtienen deslumbradores efectos decorativos de carácter histórico o simplemente anecdótico. Y dentro de esta variada o interesante familia, ¿qué son los hermanos Quintero? ¡Ah!, los Quintero son unos incomparables acuarelistas.

Esto desorienta a muchos de los que se acercan a juzgar su producción, especialmente entre intelectuales. Un vicio del intelectual, que con frecuencia se crea mentalmente un mundo a su gusto y medida, es aplicar esas preferencias y esa exclusiva unidad interna de mensuración al mundo de las realidades exteriores. ¡O genio o nada!: está ambiciosa divisa, que muy a menudo el intelectual se impone a si mismo (con lo cual las más de las veces para en nada), le impide apreciar todo lo que no sea genial —la infinidad de aspectos agradables, apacibles, risueños y pintorescos que el monte ofrece en sus faldas, laderas y repliegues por debajo de la solitaria y escarpada cumbre—. Así le ocurre al hombre obsesionado por las alturas, lo mismo que al burgués ignorante. ¿No habéis notado la cara que este pone al salir de misa los domingos y días festivos cuando al dar una vuelta, antes del aperitivo, por los salones de exposición de pinturas, en alguno de ellos ve anunciada una colección de acuarelas? Para él es una contrariedad. Acostumbrado al espesor del óleo y al tamaño de las grandes telas, le parece que el papel y las tintas de la acuarela son cosa de chicos, sin importancia ni valor alguno. No vale la pena molestarse por un trabajo tan trivial... Muchos intelectuales, como muchos burgueses ante las acuarelas, al dar con el teatro acuarelista de los Quintero, fruncen la boca, se encogen de hombros y pasan de largo despectivamente. ¡Perdónalos, Señor! No saben la gracia, el temple, la soltura y la delicadeza de pulso —además de una técnica consumada— que se necesita para esa clase de pintura.

Es indudable —lo es, sobre todo en arte— que hay y debe haber jerarquías. La falta de ellas ha envilecido tanto el teatro moderno. No es lo mismo pintar al fresco el techo de la Sixtina que sacar un ligero lavado de ese pozo pintoresco puesto a la sombra de un parral. Pero la jerarquía necesaria no ha de servir al crítico únicamente para despreciar todo lo que haya de Miguel Ángel abajo, sino precisamente para lo contrario: para refrescarse el espíritu y recrearse los sentidos con la inmensa cascada de valores y matices que se despeña desde el Creador hasta el último de los creadores.

La acuarela no puede codearse con el fresco, el temple ni el óleo. Conformes. Pero también es cierto que aquellas grandes pinturas no convienen a todos los temas y que en muchos de ellos la acuarela no ya los suple, sino que los aventaja. Al acuarelista no hay que pedirle, pues, por qué no emplea otro procedimiento, sino tan solo qué uso ha hecho del que adoptó por ser el más adecuado a sus facultades. Y en este aspecto —tomándoles por lo que son y han sido siempre, no por lo que se nos antoje a nosotros que hubieran debido ser— es indudable que a los hermanos Quintero hay que considerarlos como a los primeros acuarelistas teatrales de nuestros tiempos, quizá los mejores que haya tenido España en todos.

Una de las notas más curiosas de esa técnica pictórica, en apariencia fácil, es la casi imposibilidad de remedarla, imitarla y falsificarla. Las pinturas al óleo se copian mucho mejor y se prestan más al «pastiche» que las acuarelas. Un pintor hábil, secundado por un anticuario astuto, puede falsificar un Greco o un Tiziano y darle gato por liebre a un comprador incauto. Pero a ver dónde está el guapo capaz de «fabricar» una acuarela de Bonington o de Delacroix, o un *gouache* de Géricault, sin que hasta el lerdo descubra la trampa. Por la misma razón —que nada tiene de misterioso, aunque ahora el explicarla nos llevaría demasiado lejos del camino real—, es indudablemente más fácil remendar una obra de Ibsen, con símbolo y tesis, que un sainete o un entremés de los Quintero, simple gallardato de gracia colgado de un rayo de sol. La prueba la hemos visto todos: Ibsen, a pesar de la dificultad de imitarle por estar tan lejos de nosotros en el espacio (material y espiritualmente), llegó a hacer escuela en España, donde por lo menos se representaron tres docenas de dramas ibsenianos y se escribieron cincuenta veces más; los Quintero, aun ofreciendo un modelo puesto entre las narices mismas de todos sus compatriotas, no han tenido seguidores, salvo algunos fracasados e insignificantes intentos. Imitarles es, en todos sentidos, tentador. Si no han sufrido imitación, será porque deben ser inimitables.

Lo son realmente. Esos acuarelistas sevillanos no parecen un producto espontáneo y feliz de su tierra. Ellos lo han sentido admirablemente, y con una no menos admirable fidelidad se redujeron, casi se confinaron, en el andalucismo. Su clase de pintura, tan fina y poco pegadiza, tan clara y transparente, tan ágil y luminosa, sólo podía aplicarse con pleno rendimiento a esa tierra y ese aire únicos en el mundo y únicos en España mismo. Ese dibujo leve y esas tintas húmedas convenían en absoluto (y quizás exclusivamente) a una sociedad como la andaluza, a un tiempo señoril y agrícola, grave y graciosa, honesta y enamoradiza, de resabios hispanoárabes y católico-imperiales. ¡Vaya usted a pintar acuarelas de esas en los suburbios fabriles de Barcelona, en los hornos de Bilbao o en los altos y bajos fondos de Madrid! Ciudad que huela a vergel, en todo el mundo no hay más que Sevilla.

Si la acuarela de los Quintero la cargásemos un poco, si hiciésemos de ella un aguafuerte, muchas veces iríamos a parar en otro género también muy español y castizo: el picaresco… Pero, en fin: dónde iría a parar yo, no lo sé, si siguiese hablando de esos ilustres acuarelistas, algunas de cuyas obras más ligeras soportarán seguramente el peso de los años, siempre frescas y lozanas como el primer día.

Pío Baroja[*]

Pío Baroja lleva ya publicadas algunas docenas de novelas. En ellas abundan los incidentes y los personajes. No es raro que en una sola novela de Baroja aparezcan, más o menos fugazmente, dos o trescientos individuos. Si se estableciera el padrón de los seres humanos que pueblan sus libros, nos encontraríamos ante una inmensa muchedumbre de hombres y mujeres. Puede decirse que todos o casi todos han brotado de la imaginación del autor. ¿Acaso él los recuerda distintamente, por lo menos a la mayoría? No sabemos, pero nos atreveríamos a ponerlo en duda. Sea como fuere, he aquí lo que a nosotros nos ocurre con ellos.

Hemos leído casi todas las novelas de Baroja. Trabamos conocimiento con sus innumerables personajes. Seguimos paso a paso sus aventuras, notamos sus singularidades, advertimos sus características morales y el autor nos dio minuciosos detalles físicos de todos ellos, de cómo visten, de cómo tienen la nariz y los dientes, del color de sus ojos y de su chaleco... Y he aquí que, a pesar de todo esto, cuando pasamos tres meses sin leer a Baroja y queremos evocar mentalmente su obra, nos es imposible recordar a la mayoría de sus personajes. De algunos de ellos, como el cura Merino, Silvestre Paradox, Aviraneta, etc., algo nos quedó en la memoria, por su relieve histórico, por sus chocantes singularidades o por la frecuencia con que aparecen en varias novelas. Pero de todos los demás, de esa imponente multitud que pulula en las obras de Baroja, a menudo no recordamos

[*] «Pláticas literarias. El error de Pío Baroja», *La Vanguardia*, 27-II-1925.
Veinticuatro años después de publicar este artículo, en el que puso reparos al proyecto barojiano de las *Memorias de un hombre de acción* (veintidós novelas históricas, publicadas entre 1913 y 1934), el autor matizó ese primer juicio en un breve texto titulado «Mea culpa sobre Baroja», publicado por primera vez en la obra *Baroja en el banquillo (Tribunal español): antología crítica*, compilada por José García Mercadal (Zaragoza, Librería General, 1949, pp. 169-170). Reproduzco la crítica de 1925 seguida de la enmienda que Gaziel se hizo a sí mismo. (N. del Compilador)

ni el físico, ni siquiera el nombre. Todos, hombres y mujeres, niños y ancianos, se borraron extrañamente, con una rapidez increíble, de nuestra imaginación.

Muchas veces, al constatar en nosotros mismos y en amigos nuestros este sintomático, este alarmante olvido, hemos pensado, por contraste, en lo que nos ocurre cuando evocamos la obra de otros fecundos novelistas, por ejemplo, Dickens, Dostoievski, Balzac, el mismo Galdós. Apenas proyectamos interiormente nuestra atención hacia la zona de ensueño que en nuestra mente ocupan esos nombres evocadores, al instante vemos destacarse y desfilar prodigiosamente una teoría de figuras nobles u horribles, graciosas o repugnantes, pero vivas, inconfundibles, más inconfundibles y más vivas que los verdaderos vivientes que nos rodean. Y cada uno de esos fantasmas de humanidad lleva un nombre y es como un símbolo. Con la obra de Pío Baroja no nos ocurre lo mismo. ¿Por qué sus personajes no perduran, no siguen viviendo dentro de nosotros?...

En cambio —y esto ya empieza a intrigarnos—, si bien es cierto que los personajes se nos olvidan, he aquí que al evocar la obra de Baroja notamos que muchos de sus paisajes nos quedaron grabados de una manera indeleble. Podemos no recordar a los actores, pero los escenarios —los desolados suburbios madrileños, el panorama de La Mancha, los caminos de Extremadura, las callejuelas de Córdoba, el aspecto de Cuenca, la niebla de Londres, la amarillez del Tíber, el mar Cantábrico, etcétera, etcétera— los conservamos como aguafuertes definitivos, obtenidos sobre la plancha de nuestra imaginación. Y esta diferencia cualitativa entre personajes y paisajes es tal que muchas obras de Baroja sólo llegamos a recordarlas no por lo que pasa en ellas ni por aquellos a *quienes* pasa algo, sino por *dónde* pasa: el título de la obra nos sugiere una ciudad, una aldea, a veces solamente una casucha, un rincón, un almacén de trapero, y nada más. Si las páginas de un libro y sus caracteres tipográficos tuviesen relieve, a la manera de los diversos planos de la escultura mural, en las novelas de Baroja los paisajes destacarían en primer término, dominando la atención del lector inteligente, y las figuras sólo aparecerían como sombras fugaces, casi imperceptibles, en la lejanía.

Y entre unos y otros, ¿hay algo? Entre los paisajes que ocupan el primer término de esta perspectiva novelística y las figuras que vagan por el último, ¿cuál es la trabazón? En otras palabras: ¿cuál es la atmósfera de la obra barojiana? Es el propio Baroja.

Ahora vamos a dar con el secreto que nos intrigaba. Los personajes de esas novelas no perduran por la sencilla razón de que no son tales personajes, de que no tienen vida propia, ya que en el fondo de todas las obras barojianas no hay más que un sólo personaje, que es el mismo Baroja, y un solo espíritu perdurable, que es el espíritu del mismo autor. Esa inmensa muchedumbre de hombres y mujeres, ancianos y niños, no es una verdadera humanidad fantástica, como las de Dickens, Dostoievski, Balzac y hasta la del mismo Galdós, más vivas que la humanidad real porque son su representación en una forma inteligible, más duradera siempre que la forma sensible. La muchedumbre que nos presenta Baroja es de otra clase: es una muchedumbre de títeres que van disfrazados de muy distintas maneras, pero que no tienen ni pueden tener más vida ni más voz que las de su imprescindible titiritero.

Todos los personajes de Baroja hablan de la misma manera: como habla Baroja. Todos piensan del mismo modo: como piensa Baroja. Todos obran como se le antoja a Baroja. El autor está constantemente detrás de ellos. Por eso, cuando queremos evocarlos, nos es imposible recordarles a ellos, y en cambio recordamos perfectamente a su autor. La obra de Baroja no es un prodigio de objetivación a la manera de los grandes novelistas, mediante el cual un hombre de carne y hueso realiza el milagro artístico de crear una muchedumbre de seres ideales, representativos de la humanidad. El de Baroja es un prodigio totalmente contrario. Es un esfuerzo de subjetivación que se sirve de una humanidad aparente para reflejar en ella, de manera exclusiva, las singularidades de un hombre de carne y hueso.

El individualismo de Pío Baroja es feroz. Parece un espíritu constantemente preocupado consigo mismo, poco apto para comprender nada que esté fuera de su personalidad. Y esta es seguramente su fuerza característica. Ningún principio exterior, ninguna norma social, ningún interés colectivo se le imponen. Habla de todo como si no se sintiese solidarizado con nada. De ahí procede, si no la justicia, por lo menos la chocante singularidad de sus gustos, sus juicios y sus opiniones. Alaba y censura a diestro y siniestro, sin tener otra medida que la de su inclinación personal. Pero esta manera de ver el mundo a través de un temperamento exclusivo, que es lo que da a las mejores obras de Pío Baroja un sello inconfundible y un incomparable sabor, es también lo opuesto a la facultad esencial en todo gran novelista, que consiste en saber contemplar el mundo a través de mil temperamentos diversos. Por eso en las novelas barojianas, a pesar de su incontable desfile de títeres con apariencia humana, en realidad no hay más que un solo personaje: el autor. Por eso en las obras barojianas halláis primero a Baroja, después a Baroja y, finalmente, a nadie más que a Baroja. Todo lo que implique desdoblamiento de su personalidad, transmigración en almas diversas, análisis psicológico y sondeo en conciencias ajenas le está vedado. Fijaos en que sus mejores personajes son siempre los abocetados nada más, las siluetas hechas con cuatro brochazos. En cuanto intenta excavar, se malea. Cuantos más detalles nos da, cuanto más dibuja las figuras, tanto más se le estropean y oscurecen. Y es que en Pío Baroja, considerado como novelista puro, hay un fondo trágico: la imposibilidad de poder salir de sí mismo.

Lo único que logra distraerle de su propia personalidad es el paisaje. Por eso Baroja, que es un moralista mediocre y un psicólogo pésimo, es en cambio uno de los paisajistas más grandes, más sólidos, más emocionantes y sobrios de la literatura castellana de todos los tiempos. Egocentrismo, paisajismo: he aquí los dos aspectos complementarios de la personalidad de Baroja, de su romanticismo radical. Para hablar de lo que realmente entiende, o ha de hablar de sí mismo o ha de hablar de la naturaleza. La humanidad, que es lo intermedio, lo que hay entre el yo y lo inhumano o extrahumano, Baroja la desconoce porque no la siente.

Por esto nos parece un largo error esa serie de novelas históricas que Baroja viene escribiendo y publicando hace años bajo el título común de *Memorias de un hombre de acción*, cuando de lo que más carecen precisamente es de *humanidad* y de verdaderas *acciones*. Están llenas, abarrotadas de títeres, de esos títeres convencionales que el autor hace mover como le da la gana, pero que luego se borran y desvanecen completamente, porque carecen de personalidad. Y están, además, agitadas por un movimiento vertiginoso, que no es lo mismo que la acción, sino quizás todo lo contrario. Sólo los hombres son capaces de acción. Los simples muñecos no tienen más que movimiento.

¿Por qué se empeña el maestro Baroja en acumular novelas de esas? Lo único que de aprovechable tienen son los fragmentos en que el autor habla de sí mismo y sus gustos, aunque sea por boca de ganso, y algunos paisajes admirables. Pero mejor sería que Baroja, hoy en plena robustez, volviese francamente a sus libros egocéntricos y fantásticos de la primera época, o a aquellos amplios e impersonales frescos en que aparecían la miseria y el hampa madrileñas, la severidad del país vasco y la verde y neblinosa majestad del Atlántico. La historia, la psicología de caracteres, las pasiones humanas «y otras zarandajas por el estilo» (como podía haber dicho alguno de sus personajes), no se hicieron para él. Baroja, para ser auténtico y de buena ley, ha de encararse con todo lo humano que no le gusta porque no lo entiende, y decirle pestes, solo contra todo el mundo, o ha de poder desfogar ante la naturaleza, con áspero y sobrio lirismo, sus grandes facultades de romántico empedernido.

•

El compilador de esta serie de trabajos críticos sobre la obra de Pío Baroja ha tenido la bondad de dejarme releer, antes de recogerlo, el que yo escribí hace ya veintidós años. Y eso me da pie no para ser más justo con el gran novelista español contemporáneo —que puede muy bien pasarse, y aun reírse, de estos ajustes de sus comentadores—, sino para sincerarme conmigo mismo.

Me place, en efecto, ahora, después de tantos años, confesar que fui demasiado rotundo al denunciar el que, a mi juicio, era el error de Pío Baroja. Si hoy tuviese que escribir ese cortísimo ensayo, quizás diría en sustancia lo mismo, pero habría de decirlo en manera muy distinta. Y, en descargo mío, por la forma en exceso tajante con que entonces hablé de un escritor a quien tengo por el más fuerte y representativo de nuestro tiempo —por una especie de Goya literario—, quiero que consten dos cosas. Es la primera que la crudeza de mi opinión, expuesta hace casi un cuarto de siglo, no fue debida a falta de admiración por la obra barojiana, sino a todo lo contrario, a eso que lo franceses llaman un *trop de zèle*. Quería yo tanto, ya entonces, a Baroja, literariamente hablando (pues su conocimiento personal no lo hice sino mucho después), que no me contentaba con lo que él era, y por eso me atrevía a indicarle un tanto ásperamente cómo debía ser, para que fuese mejor todavía. Y la segunda cosa que quiero hoy aclarar es que, si hubo un error de Pío Baroja, por no haber sido más de lo que es, mucho mayor fue el mío al pretender que dependía de su voluntad el engrandecerse por consejo ajeno.

Un escritor de raza como Pío Baroja nace y no se hace. Y no hay más que tomarlo o dejarlo, con sus cualidades extraordinarias y sus posibles defectos. Hoy yo me quedo con todo ello. Y si me tentase otra vez la manía de ponerlo y sospesarlo en mis pobres balanzas, declararía que el peso integral de la obra de Pío Baroja, mezclados oro y escoria, me parece formidable, y que ella constituye uno de los documentos más importantes de la literatura española, sobre el cual se hablará, se discutirá y se comentará todavía en el mundo, dentro y fuera de España, cuando nadie se acuerde no ya de los contemporáneos del escritor que le pusimos peros y reparos, sino incluso de muchas otras cosas de gran aparato, que ahora parecen ofuscarle, pero cuya única identificación posible sea, tal vez, andando el tiempo, el haber tenido la fortuna de coexistir nada más con él.

Azorín[*]

Leyendo la última obra publicada de Azorín, *Doña Inés*, me entraron deseos de volver a gustar otras páginas suyas, las que más he admirado en su larga producción al correr de los años. Y de semejante repaso saqué nuevamente algunas de las mismas reflexiones, ya antiguas y medio olvidadas, que me habían sugerido las anteriores lecturas. Esta vez me decido a orear algunos de esos pensamientos para que no vuelvan a adormecerse y empolvarse en un rincón de mí mismo.

La gran preocupación de la vida literaria de Azorín ha sido Castilla y lo castellano. Son poquísimos los españoles que han trabajado y profundizado tanto como él en ese tema. Desde los escritores clásicos hasta los contemporáneos nuestros, pasando por los románticos, [Azorín] ha hecho una revisión a menudo sagaz y siempre interesante de la literatura castellana. Pero quizás lo más personal de su esfuerzo no está en los finos análisis de figuras y épocas pasadas, sino en la visión melancólica de las arrugas y decrepitudes de la realidad actual. Los pueblos muertos, las tierras abrumadas, uniformes, donde «no se yerguen árboles ni manan hontanares». El sueño profundo de todas las cosas y de todas las almas. La vida provinciana, sin idealidad ni energía. El peso aplastante de una gran tradición agotada. Beatas, canónigos, paredones húmedos, conventos resonantes e inmensos. Y campos, campos, interminables campos, en torno, que recuerdan aquella monotonía del agua, el agua y siempre el agua, que os sobrecoge en alta mar. Toda la visión castellana del escritor, o lo más típico de ella, puede resumirse en la siguiente palabra: *melancolía.*

Ahora bien, esta melancolía característica es, a mi juicio, la llave del alma de Azorín. Se ha dicho que el ilustre escritor ha visto como pocos a Castilla.

[*] «Pláticas literarias. El huerto de Azorín», *El Sol*, 16-I-1926.

Es cierto. Se ha añadido que la sentía también como pocos. Aquí yo comenzaría a poner un distingo. Y, finalmente, de una y otra cosa se dedujo que su personalidad literaria encerraba una de las más exactas representaciones de la Castilla contemporánea. En esto yo me atrevería a sostener que conviene ir despacio, porque encierra algo más.

Azorín parece ser lo que se dice, pero en realidad es más complejo. Su vida, sus temas favoritos, sus gustos manifiestos, sus inclinaciones, todo lo que en él es voluntario y consciente, contribuye a dar esa sensación de castellanismo perfecto. Pero si os ponéis a escarbar un poco en el terreno subconsciente de su vasta obra, en esas capas y vetas profundas donde se agarran y nutren las raíces primordiales de un espíritu, hallaréis, creo yo, que Azorín, lejos de ser un gran castellano a secas, es y ha sido, involuntariamente, un hombre anclado en sus orígenes, un gran levantino profundamente castellanizado.

Su melancolía esencial lo delata. Esa tristeza que le infunde el panorama de Castilla no es más que un contraste inconsciente, la reacción causada por la secreta añoranza de sus panoramas natales. Es falso que Castilla sea triste en sí. Compárese, si no, esta visión con la de los castellanos puros, desde el marqués de Santillana hasta Ortega y Gasset. ¡Cuán bella, variada y jocunda se les aparece su tierra! El imponente silencio y la luminosa soledad de la campiña castellana jamás provocan en sus almas ideas o imágenes nostálgicas, sino todo lo contrario, sensaciones estimulantes para el espíritu y para el corazón. Es evidente que, si Azorín pudiese, convertiría esas estepas en huertos y las llenaría de sombras y pájaros. Ortega y Gasset, por el contrario, las aplanaría aún más, para que las águilas tuviesen más espacio y más cielo donde remontarse en la embriaguez caliginosa del aire. Y es que Azorín lleva sin sentirlo, en lo más recóndito del alma, una idea preestablecida, un cliché imborrable (sacado por sus propios ojos cuando era niño, o incluso por los ojos de sus antepasados) de lo que «deben ser» una campiña y un pueblo, es decir, tal como son las aldeas y los huertos alicantinos. Cuando contempla los de Castilla —que siempre debieron ser como ahora—, involuntariamente se inclina a considerarlos como una decadencia y tiende a compararlos con «los suyos», con aquellos que en el alma del artista figuran a manera de prototipo sentimental. De la comparación insensible brotan dos chispas gemelas: nostalgia de lo que lleva en el alma, piedad por lo que ve. Y ambas centellas, al fundirse su fosforescencia en una expresión literaria, producen esa tristeza resignada que es la melancolía. Por esto os dije que Azorín ve admirablemente a Castilla. Pero no la siente como los castellanos, ni por lo tanto puede encarnarla tan fielmente como ellos. Azorín ve lo mismo, pero se duele de otra cosa. Es un gran conocedor de Castilla, pero no ha brotado de ella misma, sino que ha ido a ella. Y al contemplarla lo hace como un observador extraordinario y sutil, pero dotado de esa minuciosidad escrupulosa y exacta, aunque en cierto modo ausente, del que levanta un inventario en casa amiga, en casa amadísima, en casa adoptiva, pero en casa ajena.

El estilo de este gran escritor es otra prueba de su levantinismo. El desarrollo natural del idioma de Castilla ha querido que su molde clásico, el amplio ropaje que ostentaba en su siglo de oro, aquel «período castellano» pomposo y sonoro, fuese simplificándose cada vez más, hasta llegar a nosotros. Pero Azorín ha forzado este proceso, ha tomado el idioma y lo ha sometido a una verdadera poda y casi casi a una trituración. El estilo de Larra, por ejemplo, tan nervioso y tan vivo, conserva todavía las características de la tradicional estructura. En Azorín, por el contrario, la lengua ha perdido ya muchas de las seculares trabazones que le eran propias y se nos presenta como descoyuntada, obedeciendo a un ritmo singular que en el principio a muchos los indujo a tenerlo por extranjerizo. Así pudo hablarse del galicismo sintáctico de Azorín. Mas era pura apariencia. El gran escritor ha leído y admira cordialmente a los estilistas franceses, cuyo idioma es el más *haché* de los lenguajes literarios modernos. Pero el reflejo afrancesado que se creyó descubrir en el estilo de Azorín, más que a un resabio de cultura francesa, me parece que debe atribuirse a una innata necesidad del escritor, a la instintiva tendencia suya hacia la diafanidad, la luminosidad, la precisión y el detallismo, impuesta por la índole mediterránea de su retina espiritual.

Hay otra facultad que le distingue de una manera decisiva, a mi juicio, de los escritores de pura cepa castellana. Me refiero al colorido. Por regla general, puede decirse que los estilistas castellanos carecen de él, lo usan muy poco y hasta lo desdeñan. El «sabor» de sus palabras y frases es siempre muy superior al «color», exactamente lo mismo que les ocurre a los frutos de la tierra castellana y hasta a la propia tierra. Sus estilistas, incluso los románticos y sus posteriores, saben a mucho, pero pintan poco. Azorín, en cambio, es un consumado, minucioso y originalísimo pintor. El elemento gramatical de que con preferencia se vale para colorear su estilo no es el adjetivo, como en la mayoría de los pintores literarios modernos, sino el sustantivo. Los de Azorín llegan a ser maravillosos. En sus páginas hallaréis sustantivos, en apariencia vulgares —nombres de oficios manuales, de objetos humildes, de utensilios, de plantas, piedras y flores—, que son a manera de pinceladitas verdes, amarillas, ocres, azulinas, bermejas y de una infinidad de semitonos. Y a fuerza de acumularlos diestramente, como leves toques certeros, llega con ellos a alcanzar sorprendentes efectos coloridos, menos brillantes, pero más pastosos que los derivados de la adjetivación. Esta magnífica facultad pictórica, que en la literatura castellana ha sido una innovación, también procede de las costas del Levante.

Por último, como me falta espacio, no diré más que otra de mis reflexiones sobre las modalidades de Azorín. Fijaos en la riqueza de su léxico, en la aplicación y la complacencia con que anda buscando palabras poco usadas y hasta ligeramente arcaicas, pero deliciosas, y el gozo con que va colocándolas entre sus páginas. Esta voluptuosidad verbal es también mediterránea. El castellano puro diríase que corta las palabras mientras las pronuncia, y las talla como si fueran piedras preciosas. Pero en Azorín esas mismas palabras parece que se le funden, que se le hacen agua en la boca, a manera de frutas. Hay otro escritor castellano a quien le ocurre algo parecido, pues ama las palabras por sí mismas y de una manera golosa. Es Gabriel Miró, como Azorín, levantino. Sin embargo, Miró coge toda suerte de palabras, las sazonadas y las todavía verdes, con la abundancia y la embriaguez de un hortelano que está hambriento y orgulloso de todos los frutos que le da la tierra. Azorín, más ceñido, más influenciado por su medio adoptivo, más jardinero que horticultor, muestra especial predilección por las palabras maduras, por las más jugosas, por aquellas que con sólo tocarlas rezuman el agua azucarada de que están llenas sus pulpas. Este insigne escritor castellano ha conservado un fondo de levantinismo. Y a lo que más se asemeja su alma es a cierta casita de un pueblo «claro y silencioso» que aparece en uno de sus escritos, «con un jardín delante y un huerto detrás». Ese jardín castellano, con bojes recortados sobre un fondo austero de encinar. Pero el huerto —al que casi nunca se asoma su propietario, porque vive delante— es un verdadero huerto mediterráneo, rebosante de frutas, inundado de sol, lleno de colores y con el cansado suspiro del mar resonando a lo lejos.

Enrique Gómez Carrillo[*]

A Gómez Carrillo, que acaba de fallecer prematuramente en París a los cincuenta y cuatro años nada más —pero ¡qué años!—, le conocí una tarde de primavera de 1915 en el palacio del Quai d'Orsay, donde M. Ponsot, entonces jefe de la sección encargada de la prensa hispanoamericana, nos había convocado para ultimar los detalles de una excursión al frente de combate. Gómez Carrillo, el gabán echado sobre los hombros y las mangas coligando nacidamente, me tendió la mano con estragada indolencia. «No sé si mañana podré ir con ustedes», me dijo. Tenía el rostro ajado, los hombros caídos, el bigote ralo y lacio. «Esta madrugada —prosiguió—, al ir a acostarme, en vez de bicarbonato me tomé por equivocación unos polvos purgantes y hoy no puedo tenerme de pie». Sin embargo, al día siguiente vino con nosotros de excursión al frente, y ya diré después cuál fue la más extraordinaria de nuestras peripecias.

Eso de acostarse a altas horas de la noche y tener que tomar bicarbonato, cuando no algo peor, Gómez Carrillo hubiera podido decirlo muchos días del año respecto del día precedente. Era un bohemio nato y empedernido que practicaba una vida imposible, inverosímil, con el mismo rigor ortodoxo de cualquier creyente en un dogma. Hace tiempo ya que el Bulevar ha muerto en París, el viejo Bulevar literario y periodístico. Gómez Carrillo, que asistió a sus últimos días de gloria, a su lenta agonía y a su muerte, ha sido uno de sus fieles e irreductibles supervivientes.

Cuando llegó a París, recién desembarcado de su lejana Guatemala, su patria, todavía estaban abiertos los grandes cafés literarios. En el Weber (*rue* Royale) se reunían Marcel Proust, Toulet, Curnonsky, nuestro Santiago Rusiñol, Debussy,

[*] «Gómez Carrillo. Un bohemio de pluma y espada», *La Vanguardia*, 2-XII-1927.

Forain y Dethomas, formando una peña muy compacta y hermética. Este café aún existe. Pero ya no queda nada del antiguo Café de Madrid, desaparecido hacia 1897, ni del Suecia (†1901), ni del Inglés (†1910), ni del Variedades (†1911), ni de la Maison Dorée (†1912)…, ni de aquel pobre Ernest La Jeunesse, el tipo del «fracasado genial» que se arrastró de uno en otro hasta su muerte.

El café de Gómez Carrillo fue el Napolitano, todavía abierto, a mano derecha del bulevar de los Italianos, según se va desde la Ópera. Pero ¡qué diferencia entre el Napolitano de 1895 a 1900 y el de ahora, el de 1927! Hace veintitantos años, al Napolitano acudían Moréas, Courteline, Tailhade. Courteline lo desertó un día (o una noche), emigrando a «fundar» el Gran Café, que estaba en la esquina de la *rue* Scribe, indignado porque en el Napolitano le habían robado el gabán. La Jeunesse presidía allí la más escandalosa de sus mesas. A ella concurrían Apollinaire, Montégut, Kahn, Pioch, Brieux, Gómez Carrillo, Hennique, Kirsch y otros muchos. Esta era la peña de los desenfrenados. Tres matamoros, Rouzier-Dorcières, Bruchard y el «gran» Laberdesque, llamados «los tres mosqueteros», imponían en el interior del café y en toda la acera del bulevar, desde el Napolitano hasta el Cardinal (esquina de la *rue* Richelieu), las leyes caprichosas de una especie de caballería de valentones literarios. De ahí nació cierto espíritu común a la peña entera. Todos eran espadachines y tiradores de florete. Gómez Carrillo se batió varias veces por un quítame allá esas pajas. Así como el emblema de los soviets se compone de una hoz y un martillo, cruzados, la de aquella generación de «ciranistas» habría podido ser una pluma y una espada.

Hoy, el Napolitano —adonde Gómez Carrillo habrá ido hasta no poder más, hasta el momento de meterse por última vez en cama— es una pura ruina, como la misma generación que albergó. Los parroquianos de hoy son gente de teatro más bien que escritores, y sobre todo gente de cine y gente turbia, de esa que un historiador de las modernas tertulias de los cafés parisienses define como de *petits messieurs photogéniques*.

De sus años juveniles y sus frecuentaciones, en los mejores tiempos del Barrio Latino, en las tertulias del Café Vachette —presididas éstas por Moréas, duraban doce horas seguidas: de las dos de la tarde a las dos de la madrugada—, del D'Harcourt y de la Taberna del Panteón, Gómez Carrillo conservaba unas amistades y una cierta aureola que sabía aprovechar y manejar ventajosamente. Los españoles e hispanoamericanos que llegaban por primera vez a París y sus bulevares creían que Gómez Carrillo era en Francia una figura de primer orden. Y los franceses —tan ignorantes siempre de lo ajeno— que conocían a Gómez Carrillo, pero no su obra literaria, estaban convencidos de que su amigo y camarada era un formidable, un celebérrimo escritor español. Un uruguayo recién llegado a París me preguntaba un día: «Si consigo una tarjeta de Gómez Carrillo, creo que Anatole France me recibirá en seguida». Y varios franceses, y hasta algunos ingleses, me han preguntado con admiración: «¿Verdad que Gómez Carrillo es un gran escritor, una especie de Pierre Loti o de R. L. Stevenson?».

No era tanto. Era un cronista siempre ameno, nunca pesado, un gran cronista «a la moda de París». Llegó a asimilarse tan completamente la frivolidad que fluía por los bulevares y a ser hasta tal punto asimilado por ella que en sus mejores tiempos era un cronista parisiense modelo, aunque escribiendo en castellano para España e Hispanoamérica. En la modorra provinciana de la vida española y en las columnas de la prensa madrileña de hace veinticinco años, llenas de chismes políticos y «fondos intencionados», la pluma de Gómez Carrillo sonaba como un cascabel alegre, como un eco de esos cascabeles de la famosa y legendaria locura de París. Llegó a hacer escuela, y la hizo por delegación, si así puede decirse. Lo que los periodistas y corresponsales novatos querían imitar, imitándole a él, no era tanto un arte, un estilo o una sensibilidad personales, de que Gómez Carrillo carecía, como el reflejo que su pluma había tomado al resplandor y al fuego del arte, el estilo y el *frisson* de París. Por eso los imitadores de Gómez Carrillo fracasaban todos, aun teniendo a veces más talento que él. Lo que les faltaba para triunfar no era el espíritu mismo del famoso periodista, sino la vida que este llevaba en la capital de Francia. Gómez Carrillo fue un perfecto cronista *spirituel*, que no es lo mismo que espiritual, ya que en francés esa palabra se refiere al ingenio, a su chispa y su espuma, mientras que en castellano indica el alma misma y sus severas profundidades.

La pasión que con más fuerza experimentó Gómez Carrillo, incluso quizá por encima de su pasión literaria, fue un insaciado amor por las mujeres. Digo las mujeres, y no la mujer. La mujer como tipo arcaico o tradicional de perfecciones domésticas y familiares le tenía sin cuidado. Lo que a él le atraía de una manera irresistible era la mujer libre y artista, más o menos artista; mejor dicho, la falange de las mujeres de exhibición, desde una trágica eminente hasta una tanguista de rompe y rasga. Su ideal habría sido una sociedad como la que hizo posible la Grecia antigua, pero bastante rebajada de nivel intelectual, en la que los Pericles y los Sócrates fuesen simples cronistas o críticos teatrales y sus amigas se pareciesen más a Friné que a Aspasia. Así, el nombre de Gómez Carrillo ha ido asociado, con fundamento o sin él, pero hasta sus últimos años, a la crónica frívola: a «lanzamientos de estrellas» como Raquel Meller y a otras historias menos agradables.

En esto era un verdadero especialista. La vez aquella que estuvimos en el frente, al ir ya a regresar a París, cuando los expedicionarios nos hallábamos sentados en el *hall* del Hôtel du Rhin, en Amiens, aguardando la llegada del coche que debía conducirnos a la estación del ferrocarril, se presentó de improviso una joven actriz de la Comedia Francesa, bastante linda, pero también bastante corta de facultades dramáticas. Su intempestiva presencia en el hotel estuvo a punto de originar un conflicto. Verla Gómez Carrillo, levantarse a saludarla y quedarse pegado a ella fue obra de un instante. Vino el coche y Carrillo se negó a partir. En vano nuestro guía —que era el príncipe Pedro d'Arenberg en persona, aunque disfrazado de modesto capitán de Estado Mayor— le rogó y hasta suplicó que se dejase de locuras, pues los tiempos y sobre todo el lugar no estaban para ellas. De nada sirvió recordarle que los pasaportes militares eran terminantes, y si se quedaba sin permiso en la zona de guerra se exponía a toda clase de disgustos, a ser detenido..., a ser fusilado. ¡Nada! Tuvimos que marcharnos a París sin él. Pegado a las faldas de la linda actriz, luego supimos que Gómez Carrillo había pasado mil y una aventuras hasta que pudo regresar finalmente a su casa.

Bohemio incurable, parisiense por adopción, cronista ligero por excelencia, trasnochador y mujeriego: todo —el dinero, la fama, la literatura, el amor, la vida misma— lo trató como a una querida. Y hasta aquí conviene hacer un distingo. No como a una querida a la española, que suele ser un estorbo, una rémora y una causa de embrutecimiento, sino a la francesa, como a una *mâitresse* cuyo objeto es hacer menos graves las horas que pasan.

Gregorio Marañón*

Yo puedo afirmar que he dialogado con cuatro castellanos punteros que todo lo entendían, hasta lo que pudiese contrariarles más el instinto racial, cuando yo les hablaba, sin ambages, de nuestra Cataluña. Estos cuatro hombres ilustres, que no olvidaré jamás, procede nombrarlos por orden cronológico. Fueron: Eduardo Gómez de Baquero, Ángel Ossorio y Gallardo, Gregorio Marañón y Pedro Sainz Rodríguez. Digo que fueron amigos míos porque de los cuatro, hoy, solo queda uno vivo, el último, y hace mucho tiempo que no he vuelto a verle.

Eran muy distintos, de formación y hasta en su forma de ser: un gran publicista, un gran abogado, un gran médico y un gran erudito —por destacar aquí solamente, entre las cualidades que les distinguen, respectivamente, la más excelsa—. De edad tampoco era iguales, sino bien escalonados en muy distintos estadios de su vida, encontrándose el primero de ellos ya en plena pero luminosa y fecunda senectud cuando el último empezaba a despuntar como una gran promesa. Todos ellos tenían, sin embargo, un denominador común, pese a que había uno dulcemente agnóstico, mientras que los demás eran católicos; dos, fervientes y practicantes; y el tercero, según cómo y a su manera. Quiero decir que los cuatro, al penetrar dentro del área de irradiación espiritual que era la propia de cada uno, tenían como un don misterioso, emanación de una naturaleza privilegiada y tan rara entre la raza ilustre de la que procedían, que un ibérico, sobre todo si era catalán, como yo, se sentía inmediatamente emocionado: eran

* «Gregorio Marañón. Un gran castellà dels nostres».
Este obituario de Gregorio Marañón, fechado en junio de 1960, tres meses después de su fallecimiento, apareció por primera vez dentro del libro colectivo *Cataluña al doctor Marañón: in memoriam* (Barcelona, Diputación Provincial de Barcelona, 1964, pp. 59-64). Es la primera vez que se publica traducido al castellano (la versión es mía). (N. del Compilador)

—¡oh, prodigio!— unos castellanos abiertos ampliamente a la comprensión de todo lo que, dentro de la Península Ibérica, no es, ni podrá ser nunca, Castilla. Eran, en definitiva, gente plenamente civil, liberal hasta la médula, de cerebro esponjoso, no pasado por ningún secador ni corrector de privilegio o de casta; gente humanista y humana: de la que no cree en dogmatismos sobre asuntos terrenales, firmemente convencida de que cuatro ojos ven más que dos, de que un conjunto de esfuerzos libres y variados es más poderoso (a pesar de ser más difícil y más digno de lograr) que uno solo de ellos, aunque sea titánico, y de que una unión viva de corazones, de pensamientos y de intereses, es más superior y más alta que una variedad helada y comprimida por el moldeamiento y la uniformización.

Gregorio Marañón, de los cuatro amigos citados, el que acabamos de perder, era, pues, un gran castellano de los nuestros —quiero decir, de esos que los catalanes, por mucho que les queramos, nunca les queremos lo suficiente, porque solo se nos presenta alguno muy de tarde en tarde, milagrosamente—. Se llamen Marcelino Menéndez Pelayo, Juan Vázquez de Mella o Nicolás Salmerón, y sean propiamente castellanos o hijos de tierras ibéricas castellanizadas, el caso es que siempre nos llegan como caídos del cielo, así como el maná y las codornices, que, según dicen, paliaban el hambre de los pobres hebreos cuando iban por el desierto detrás del espejismo de la tierra prometida. Y la piedad que sienten por nosotros, viniendo ellos de los puntos cardinales más opuestos y hasta irreductibles, nos trae, como estrella en la noche, el consuelo de sentirnos comprendidos y queridos fuera de casa en aquello que precisamente más nos duele: en nuestra impotente pequeñez de no poder querer y comprender más allá de la solitaria tiniebla que nos rodea.

Marañón fue, sin duda, un hombre excepcional, y tan bien dotado que su tarea ingente y diversa, realizada durante su vida infatigable, parece más bien obra de todo un equipo de hombres eminentes y de media docena de vidas aún más largas que la única suya. En nuestros tiempos de especialización y de acantonamiento, impuestos por la densidad pavorosa que adquiere cualquier materia del saber o de la actividad profesional, por mínima que sea, apenas un solo hombre intenta abordarla honestamente, él encontró el secreto increíble de reproducir la figura legendaria de aquellos polígrafos renacentistas que dominaban, prácticamente, todos los conocimientos. Y este secreto reside, para mí, en la radical, la profunda, la inagotable humanidad de nuestro gran humanista fuera de serie. Supo tantas cosas y las trató tan bien porque a su inteligencia poderosa —que no habría bastado, no obstante, y pese a serlo tanto, para su esfuerzo incomparable— añadió su gran corazón de hombre auténtico y amigo de todo lo que es auténticamente humano. Y si nos comprendió a los catalanes como pocos en su tierra han sabido hacerlo, fue, sencillamente, porque una de las primeras cosas que puso en práctica, antes de juzgarnos por nada, fue la de querernos por lo que somos y por lo que nos somos; esto es, por nosotros mismos.

¡Cual habría sido y cuál podría ser, todavía, el destino de la Península Ibérica —a la que yo llamo Península Inacabada— si en Castilla, sobre todo (porque la verdadera ama de la danza peninsular ha sido y es, todavía, ella), florecieran, a raudales, los espíritus del tipo de Gregorio Marañón y de los que allí se le han parecido y se le parecen! ¡Si naciesen muchos y si entre nosotros, los catalanes primero y los otros periféricos, después, hubiese, también, una gran comitiva plenamente comprensiva de lo que un fenómeno parecido podría significar para el destino de todos!

Es un sueño que yo vengo soñando en balde, año tras año, en ya bastantes más de una cincuentena. Al ver lo que, si abandonamos este sueño, quizá imposible, el despertar nos depara siempre, prefiero, francamente, volver a cerrar los ojos y seguir soñando.

LITERATURA CATALANA

Bonaventura Carles Aribau[*]

El fenómeno, en verdad, parece algo milagroso. Hace cien años, en Cataluña sólo hablaban el catalán —un idioma casero y corrompido— el pueblo y una parte de la clase media. Pero ya nadie lo escribía. La aristocracia de la sangre había emigrado casi por entero y la del espíritu estaba tan castellanizada que incluso sus mejores representantes creían definitiva esa castellanización. Y un día, el 24 de agosto de 1833, la revista barcelonesa *El Vapor* —¡su nombre es todo un poema!—[3], publicó una oda en catalán. La trascendencia simbólica y la repercusión sentimental que este hecho ha adquirido luego, con la distancia, es algo extraordinario. Todo nuestro Renacimiento actual, con su literatura, su apostolado, su ensoñación exaltada, algunas veces morbosa, sus años de intensa lucha política, sus memorables batallas y sus recientes triunfos autonomistas, parece brotar mágicamente de aquel suceso casi insignificante, como puede brotar una selva de la minúscula semilla que un ave de paso dejó caer en un campo.

¿Quién era el autor de la poesía? Un oficinista catalán residente en Madrid. Se llamaba Buenaventura Aribau. Había estudiado en el seminario de Barcelona. Y después de desempeñar pasajeramente la secretaría de la Diputación de Lérida y la de la Junta de Comercio de la capital de Cataluña, se trasladó a Madrid en busca de mejor fortuna y, recomendado por Torres Amat, el famoso erudito que fue obispo de Astorga, ingresó en las oficinas que otro catalán, el banquero don Gaspar Remisa, tenía establecidas en la corte. El cumpleaños de don Gaspar se celebraba el 24 de agosto. Y al venir el del año 1833, el oficinista Aribau,

[*] «Pláticas literarias. La musa de la Anunciación», *La Vanguardia*, 21-IV-1933.

[3] La cabecera decía textualmente: «*El Vapor*, periódico político literario mercantil de Cataluña, publicado bajo los auspicios de S. E. el Capitán General y dedicado al Ministerio de Fomento General del Reino». (N. de Gaziel)

apoderado del banquero, en prueba de respetuoso cariño, dedicó a su principal la memorable oda. Hoy la conocemos por *Oda a la Pàtria*, pero su verdadero título era *Oda a Gaspar Remisa*. La anécdota, como se ve, es deliciosa y tiene un sabor racial marcadamente ochocentista. La chispa salvadora, que había de abrasarlo todo, se produjo, como era lógico, entre el *Señor Esteve* y su más querido dependiente, sin que ellos mismos se diesen cuenta, al estrechar este último la mano de su protector el día de su cumpleaños.

Toda la enorme facultad de añoranza de que somos capaces los catalanes —reputados de gente práctica y aferrada al negocio, pero escandalosamente sentimentales en el fondo— iba concentrada en aquellos versos un poco duros y declamatorios, pero perfumados con la más fina miel de los recuerdos patrios, henchidos de explosiva y misteriosa esperanza, que un modesto oficinista, perdido e inadaptado en Madrid, escribía solitariamente a la luz de un candil, soñando en los paisajes y las emociones profundamente sentidas de su infancia. Y, segundo misterio: hecho esto, provocada con trémula mano inconsciente la decisiva descarga, Aribau ya no volvió a escribir más en catalán. Su carrera de burócrata llegó a ser brillante. Sus trabajos de crítica literaria y filosófica (especialmente algunos prólogos de la Biblioteca Rivadeneira, que contribuyó a fundar) son notables. Sus poesías castellanas no pasan de correctas. Pero ni antes ni después de su *Oda* inmortal (salvo algunas contadísimas composiciones humorísticas y familiares, sin valor alguno) usó ni volvió a acordarse literariamente de su propia lengua. Aribau fue un precursor que no se dio cuenta del mensaje que le habían confiado.

La musa que le visitó fugazmente en Madrid, pronto hará cien años, en su fría y oscura alcoba de apoderado de banca, con ribetes románticos, era la musa de la Anunciación. Y, si yo fuese pintor académico, casi sabría componer el cuadro. Aribau, a los 35 años, sentado a una mesa de pintado pino, como la de Espronceda, tiene en su diestra la pluma de ave acabada de cortar. Sus ojos en alto, empañados de lágrimas de añoranza, tras los cristales de sus gafas doradas, ven, en perspectiva de ensueño, los montes y los valles de Cataluña, más bellos de lo que fueron ni serán jamás. Los oídos del oficinista romántico, agudizados por la lejanía, perciben claramente el vasto y suave clamor de la brisa en las profundas arboledas del Montseny remoto y el estruendo de las olas marinas al romperse en la playa mediterránea del Llobregat. Los labios del poeta tiemblan involuntariamente: la lengua que estaban acostumbrados a emplear en sus ensayos literarios es impotente para expresar el tumulto sentimental de su alma. Y, entonces (en un ángulo superior del cuadro), la musa del idioma nativo, cernida en la penumbra de la estancia como el ángel de la Anunciación, le dicta la única manera de librarse de su íntimo y suave tormento:

Adéu-siau, turons, per sempre adéu-siau,
o serres desiguals que allí, en la pàtria mia,
dels núvols e del cel de lluny us distingia
per lo repòs etern, per lo color més blau...

Cuanto más avanzo en la vida, más me afirmo en la creencia íntima, en el sentimiento profundo de que todo es espíritu. Lo que vemos no pasa de ser manifestación y consecuencia externa de lo invisible, que es lo realmente formidable. Y no digo esto en aquel sentido de acaramelado y beatífico idealismo, que estuvo un poco de moda siempre, pero muy en especial a mediados del siglo XIX, y que se empeñaba en distinguir el espíritu, elemento noble del mundo, de la materia, que era su vil escoria, separando el alma, soñadora y etérea, del cuerpo, rastrero y compacto. Lo digo, bien al revés, con la convicción de que todo es uno y lo mismo, y el mundo exterior, eso que llamamos corporal y palpable, con todos los aspectos, las transformaciones y los vaivenes que presenta, incluidos en ellos los hombres y sus vicisitudes, no son más que la argamasa que utiliza, como el escultor la arcilla, para plasmar y modelar sus incesantes bosquejos, la enorme energía espiritual que mueve el universo. De ahí tan pocas obras acabadas, y tantas ruinas, tantos esbozos, tanta escultura fragmentaria o a medio terminar, a lo largo del tiempo, como los trozos de alfarería en casa del alfarero. De ahí, también, la fascinación y la inanidad de la Historia, que nos produce el encanto de parecer que nos explicamos, una vez pasadas, las cosas que siempre son imprevisibles cuando están por venir. El espíritu echa mano de hombres y pueblos inesperadamente. Y el que preside este fenómeno vital que nos envuelve todavía y que llamamos el Renacimiento catalán escogió a Aribau para que formulara el primer vagido del idioma resurgente, como el flautista puede echar mano del primer instrumento que le sale al paso. Le mandó la musa de la Anunciación para que le hiciese revelar la buena nueva. Y hecho esto, arrojó la flauta. Ni Aribau ni sus contemporáneos se dieron cuenta del milagro. Somos nosotros, sabedores de lo que ha venido después, quienes nos apercibimos de que aquel día memorable se inició oscuramente un largo proceso histórico, todavía incierto.

¡Misterioso destino! Cuando *El Vapor* dio a luz la poesía de Aribau, la acompañó de la siguiente nota: «Esta composición, escrita para celebrar los días del señor Gaspar Remisa, es obra de la selecta pluma de don Buenaventura Aribau. La presentamos a nuestros lectores con el patriótico orgullo con que presentaría un escocés los versos de Sir Walter Scott a los habitantes de su país». Walter Scott y Aribau: he aquí un hermoso tema de perplejidades. Es un lugar común, al hablar del Renacimiento catalán, el presentar como su causa espiritual determinante la influencia del Romanticismo, que en Cataluña fue considerable, y en especial la del famoso novelista escocés. Es evidente que algo hubo de esto. Negarlo sería, cuando menos, cerrar los ojos a una de las explicaciones más claras y directas que puedan hallarse. Pero, en el fondo, ¿no será, además, superficial? Porque —y así lo he pensado yo muchas veces— si el Romanticismo influyó de manera tan decisiva en el resurgimiento de la personalidad catalana, a pesar de ser el romanticismo catalán sólo un pálido reflejo del europeo, ¿cómo se explica, entonces, que no produjese el mismo efecto en Escocia, por ejemplo, donde obraba, como si dijéramos, de primera mano? Y si el modesto Aribau, con una sola oda, representó lo que hoy representa para nosotros, ¿cómo no hizo lo mismo en su país Walter Scott, el verdadero gigante de la novelería romántica?...

El espíritu sopla en todas partes, pero no igualmente. Y tal vez la mayor enseñanza que podamos sacar de la generación de Aribau, la precursora de nuestro actual Renacimiento, es la necesidad de estar preparados en todo momento para recibir a través de nosotros el hálito espiritual. Aquella generación de eruditos, de poetas, de historiadores, de investigadores de toda suerte, ofrecía un admirable instrumento para que el destino se sirviera de él. Una sola vez recibió Aribau la sagrada visita de la musa patria. Y como estaba preparado a recibirla, la divina visita no se malogró. ¡Pero el destino es versátil y el espíritu cambia de dirección como el viento! La Historia anda llena de obras inacabadas. Y la obra de Cataluña sólo está al comenzar. Las generaciones catalanas que hoy suben, tan intensamente deportivas y corporalmente sanas, ¿tienen la misma preparación espiritual? ¿Están dispuestas a obedecer al soplo misterioso?... En esta hora del Centenario, propongámosles con cariñosa solicitud el inolvidable ejemplo de Aribau y su fugaz encuentro con la musa que fue a anunciarle, en Madrid, la resurrección de Cataluña.

ÀNGEL GUIMERÀ*

¿Qué valor tiene la obra de Ángel Guimerá? ¿Cómo habrá de juzgarla la posteridad? —se preguntarán algunos—.

¡Perdonen ustedes! —les contestaremos —. Esas dos preguntas que ustedes se hacen a sí mismos nada tienen que ver una con otra. Podría ocurrir que la obra de Guimerá tuviese un valor inmenso y, en cambio, la posteridad no le concediera la menor importancia. Y sería también posible que la posteridad la reputase de extraordinaria, aunque valiese en realidad muy poco. Esto significa que la posteridad juzgará la obra de Guimerá, y todas las demás, como pueda, es decir, con la medida de sí misma; y su juicio, como todos los humanos, será mucho más representativo del juez que de la cosa juzgada.

¿Qué fetichismo es ese de la posteridad? A mí me ha parecido siempre un absurdo. ¿Qué será la posteridad? Estará sucesivamente compuesta de generaciones de hombres como nosotros. Sus gustos serán caprichosos y cambiantes; sus juicios, relativos, inciertos y apasionados, como los nuestros. A ellos, como a nosotros mismos, no les bastará querer juzgar para acertar a hacerlo. Nosotros somos, por ejemplo, la posterioridad respecto de Raimundo Lulio. Y ¿qué sabemos de Raimundo Lulio? ¿Qué capacidad tenemos para juzgarlo definitivamente? A buen seguro que, si un contemporáneo del arrebatado y fantástico mallorquín, que le hubiese conocido a fondo, oyese lo que nosotros pensamos de él, se nos reiría a las barbas.

La posteridad no es más que un valor cruel y brutal: un valor cronológico, el valor contundente, pero en manera alguna inteligente, del *rira bien qui rira le dernier*. La fuerza de la posteridad está en que no pueden replicarle los juzgados

* «Pláticas literarias. El último poeta popular», *La Vanguardia*, 25-VII-1924.

por ella, porque la posteridad sólo se atreve con los viejos muertos. ¡Díjolo Blas, punto redondo! Eso es la posteridad. Pero también tiene su rémora. Y es que la posteridad pasa a su vez, con sus juicios relativos, y le sucede otra posteridad que a menudo se ríe de aquella.

Nadie me convencerá, por ejemplo, de que dentro de algunos siglos los catalanes de entonces conocerán mejor a Guimerá que los catalanes de hoy. ¡Qué tontería! Le conocerán, seguramente, mucho peor que nosotros. Conocerán, en todo caso, su obra agraviada por el tiempo, desplazada de sus fundamentos, arrancada de sus raíces, sin savia corriente ni palpitaciones vitales, tal como nosotros conocemos, pongo por caso, la momia de un faraón. Pero ¿habría alguien capaz de sostener que para juzgar bien a Ramsés II es preferible a haberlo conocido en vida el conocerlo amojamado en la vitrina del British Museum, o del Louvre, o de donde está ahora su momia, que no lo recuerdo exactamente?

Lo único que la posteridad domina mejor que los contemporáneos no es la obra, sino precisamente sus ruinas, los estragos que el tiempo le ha causado con su desgaste implacable. Pero eso no puede proporcionar, en todo caso, un juicio vital, sino un juicio arqueológico, relativo, mucho más relativo que el de los contemporáneos, porque no está tomado de la vida, sino de la muerte.

¿Que nosotros conocemos mejor a Homero, Virgilio, Dante, Shakespeare, etc., que sus contemporáneos? ¡Mentira! ¡Mil veces mentira! Esos les sintieron palpitar y palpitaron con ellos. Esos les contemplaron en vida y, por lo tanto, pudieron juzgarles verdaderamente, por calles y plazas, no a la luz de una. linterna sorda y en el fondo de un panteón.

Por eso mismo, nosotros, y nadie más que nosotros, somos y seremos los únicos en conocer de veras a Ángel Guimerá, por los siglos de los siglos.

•

¿Qué tenía ese hombre que no teníamos los demás catalanes, que no podrían adivinar los críticos futuros si nosotros no se lo dijésemos, y que quizás no podrán comprender del todo a pesar de que se lo digamos? Esa muchedumbre imponente que acompañó el féretro de Guimerá con un fervor admirable, ¿qué veía de invisible?, ¿qué fantasma ideal y exquisito iba siguiendo en pos del féretro vulgar?

Condensémoslo en una palabra que para nosotros resultará mágica y reveladora: la palabra *pasión*. La pasión de toda una época se iba para siempre encerrada en aquel ataúd. Porqué Guimerá, reducido a su esencia, era esto: la pasión pura, desinteresada, toda corazón, toda pueblo, incorruptible como una llama, abrasadora como una hoguera de San Juan, del Renacimiento literario y político de Cataluña.

¿Los versos de Guimerá eran bastos o cincelados? ¿Sus tragedias estaban o no bien construidas? Y su prosa, ¿qué tal era su prosa? ¿Y el léxico? ¿Y la sintaxis?... ¡Váyase usted a paseo! ¿Le parece a usted que todo eso tiene algo que ver con el Guimerá acompañado a su tumba por cincuenta mil catalanes? Todo eso interesará, sin duda, a los siglos futuros, a la posteridad de arqueólogos literarios que, no pudiendo conocer el corazón de Guimerá, ya reducido a polvo, se entretendrán en medirles las sílabas a sus versos y en contarles las faltas de cesura. Pero nunca, a no ser que a su vez sean verdaderos poetas y sepan resucitar en sus tumbas a los muertos de otras edades, descifrarán, a través de la obra literaria guimeraniana, el para ellos turbador enigma de la inmensa popularidad alcanzada en Cataluña, al comenzar el siglo XX, por su primer poeta trágico.

Guimerá no era sólo un escritor, un dramaturgo: era ya una cristalización viviente, era un símbolo. La palabra *Guimerá* no era únicamente el nombre de un hombre. Era, también, otra palabra mágica, resonante, equivalente a la sensibilidad general de todo un período histórico. Decir *Guimerá*, en efecto, era resumir y evocar en masa toda la pasión romántica catalanizada. El nacionalismo sentimental e irreductible, eso que aquí llamábamos el *tot o res*; la fogosidad y la virilidad, lo *ferreny* y lo *mascle* como fórmulas supremas de la poesía; los grandes amores románticos con sus aparatosos e insolubles conflictos, crudos y relampagueantes, sin matices ni transiciones, como tipo del arte teatral; una vaga e informe, pero hondamente sentida, religiosidad cósmica, mezcla de deísmo, de espíritu evangélico, de republicanismo instintivo y de democracia; una ternura primordial, franciscana o angélica, unida a la clásica aspereza, o austeridad, o adustez catalanas (llámese como se quiera), y ambas convertidas en sustancia poética: todo eso junto, enormemente simplista, adorablemente infantil y, sobre todo, hecho pueblo, hecho carne, verbo, imágenes, odio e ilusiones del pueblo de Cataluña, era Ángel Guimerá.

Quizás con el tiempo sea difícil explicarse por qué, pero lo cierto es —y eso debemos decirlo corriendo los que todavía hemos podido experimentarlo— que al aparecer Guimerá en los escenarios de nuestros teatros o al verle vagar solo, a altas horas, encorvado y a tientas por entre los viejos árboles de la Rambla, nos parecía a todos los catalanes ver la imagen del patriarca de la Cataluña romántica. Después de él, la poesía entre nosotros huyó de la calle. Los grandes poetas que nos quedan se apartan voluntariamente de las muchedumbres o son inasequibles a ellas. Esos cincuenta mil catalanes que se echaron a la calle tras el féretro de Guimerá iban siguiendo con los ojos del alma el fantasma ideal, próximo a desvanecerse para siempre, del último de los grandes poetas populares de Cataluña.

•

¿Será el último verdaderamente?

Todo indica que sí. Es imposible afirmarlo porque en esas cosas de la poesía el milagro es algo que está siempre en potencia, y a lo mejor puede surgir de entre nosotros un vate que arrastre a las muchedumbres y remueva hasta las más hondas fibras del alma popular. Pero, juzgando por los signos del tiempo, es de creer que aquí, como en todas partes, cada vez la poesía siente menos vocación para arrastrar a las masas, y estas, a su vez, cada día se hacen más reacias a dejarse arrastrar por cosas ingrávidas e impalpables.

Han muerto ya los tres escritores más populares de Cataluña: Pitarra, Verdaguer y Guimerá. Desde un punto de vista puramente simétrico, no de valoración literaria, esa tríada corresponde entre nosotros a la famosa que en Francia forman Corneille, Racine y Moliere. No hay en Francia una cocinera de casa burguesa ni un tenedor de libros con suficiente barniz cultural que no sepan de memoria versos lapidarios e incluso fragmentos y «tiradas» de aquellos tres grandes poetas nacionales. Aquí, en nuestro pequeño mundo, nos corresponden mucho más humildes, pero también los tenemos, y también son tres. Aunque a Pitarra le viene muy ancho el nombre, lo cierto es que los únicos tres poetas renacentistas que han logrado filtrar hasta el fondo de nuestras capas letradas y deletreantes, y cuyas obras no hay hortera ni modistilla picados de catalanidad que no conozcan y admiren casi ciegamente, son Federico Soler, Verdaguer y Guimerá. El primero ha dejado tachonada de modismos graciosos, de expresiones bufas e incluso de citas obscenas el habla del vulgo. El segundo ha esparcido ya por todo el ámbito de nuestra tierra una adorable lluvia de gozos y letrillas que con el tiempo serán *folklore* puro, y ha llenado de acentos épicos o ternuras místicas el pecho de los estudiantes y el corazón de los seminaristas. El tercero, Guimerá, ha revelado al pueblo en masa, ciudadano, pueblerino y rural, la furia y el deslumbramiento de las grandes pasiones, acuñadas en versos inolvidables. Aquel religioso silencio y aquel estremecimiento con que en la Comedia Francesa se espera, se siente llegar y se acoge la famosa réplica corneilliana:

Que voulez-vous qu'il fît contre trois ? — Qu'il mourût !

son los mismos, proporcionados a nosotros, que se experimentaban en nuestra Comedia Catalana, en el viejo Romea, cuando Said rugía sarcásticamente en *Mar i Cel*:

El punyal i la creu, tot d'una pessa !...

Y todo esto pasó. Ya no tenemos poetas populares; ya no tenemos agitadores de turbas a fuerza de arrancarles sollozos y carcajadas; ya casi no tenemos teatro.

Afortunadamente, nos quedan y están brotando otras cosas también excelentes... Pero aquellas, aquellas se fueron quizás para siempre.

Desde hace ya muchos años, me complazco a menudo, al considerar la literatura catalana renacentista hasta nuestros días, en representármela a manera de una labor obscura, heroica y preliminar, algo así como los fundamentos subterráneos de un soberbio edificio futuro. A los que nos precedieron y a nosotros nos tocará servir de cripta a ese templo ideal. Otros gozarán de la luz y la gloria, porque serán la fachada y el remate. A nosotros nos ha caído en suerte la modesta penumbra de los cimientos.

Pues bien, en esa cripta hay los gruesos sillares: los precursores, los arqueólogos, los eruditos, los investigadores del alba del Renacimiento. Todos yacen empotrados en el suelo, dispuestos a sostener la enorme mole en proyecto. Milá y Fontanals y Mariano Aguiló están allí, recios como peñascos. Sobre ellos se levantan los primeros haces nerviosos de la estructura ojival: los floralistas, los gaiteros y tamborileros balbucientes. Pitarra y sus secuaces figuran, con sus truculencias expresivas, en las grasas escenas de los capiteles. Verdaguer es la robusta clave que cierra, resume y concentra toda la bóveda y su tosca pero maciza grandeza. Y ahora acaba de encenderse en la penumbra de esa cripta —donde hay muchas más cosas que merecerían notarse— una gran lámpara votiva, una llama vigorosa e ingenua, una centella, popular en un vaso de arcilla, que llevará eternamente, para los catalanes, el nombre de Ángel Guimerá.

Jacint Verdaguer[*]

Durante la segunda mitad del siglo XIX, mientras el Occidente europeo se encaminaba a toda marcha hacia lo que los franceses llamaron el «fin de siglo», en pleno naturalismo literario, en pleno nihilismo o descomposición sentimental y entre las brumosas bocanadas que desde Escandinavia, Rusia y Alemania, pasando por París, soplaban en todas partes, a uno y otro lado del Pirineo —como resguardadas del viento general por sus altos picachos— florecieron sendos milagros de una rara y solitaria poesía. Esas flores únicas, de incontaminada pureza, esas *edelweiss* en cierto modo anacrónicas e inexplicables, simples, aisladas, silvestres, sin trabazón con su tiempo ni semejanza alguna con las vegetaciones de estufa que las rodeaban, fueron Mistral y Verdaguer. Cataluña tuvo la rara suerte de producir una de ellas.

A pesar de tamaña fortuna, Jacinto Verdaguer no ha sido debidamente apreciado aún entre nosotros. Después de su muerte se le dejó en olvido. Las generaciones siguientes sólo supieron ver el innegable retoricismo de una parte de su obra (de la que, precisamente, era la menos suya). Pero hoy se inicia ya una tendencia mejor. Estos vaivenes de la gloria de un poeta son cosa corriente en todas partes. Y mientras haya retorno, no hay nada perdido.

Uno de los jóvenes poetas y eruditos catalanes actuales mejor preparados, mi amigo Carlos Riba, acaba de publicar una selección de poesías de Verdaguer. Es un libro excelente. La selección está bien hecha. Los devotos de Verdaguer encontraremos a faltar algo en ella y hallaremos algo que nos parecerá sobrante. Pero este es un mal inevitable en toda antología. Si cualquiera de nosotros la hubiese hecho, a los demás les parecería lo mismo. Lo esencial —y esto lo ha

[*] «Pláticas literarias. Un primitivo genial», *La Vanguardia*, 1-VIII-1923.

logrado plenamente el compilador— es que la figura del poeta nos aparezca, a través de los fragmentos escogidos, en sus líneas inconfundibles y envuelta por completo en la clara luz de su propia aureola espiritual. Carlos Riba ha extraído sabiamente de la cantera verdagueriana una buena estatua de Verdaguer. Mas ¿por qué le ha puesto al libro, que es de edición popular, ese prólogo *more germanicorum* (con perdón sea dicho), tan conceptuoso y abstruso, tratándose precisamente de un poeta tan claro y angelical? Leyéndolo, uno casi llega a creer que no se refiere al humilde exseminarista de Vich, sino a un místico-teólogo de Tubinga. En fin: eso es cuestión de gustos. Pero, al doblar la última página del prólogo, y a pesar de haber en éste algunas cosas muy buenas, cuando se entra en el texto verdagueriano se experimenta un cierto alivio por contraste, como al salir de una selva enmarañada y árida para desembocar en una pradera regada por claros riachuelos.

¡Qué delicia la voz de Verdaguer! La clave de este grande y único escritor, la explicación de su misterioso encanto, está en darse cuenta a cada paso, leyéndolo, de que (fuera lo que fuese como hombre) como poeta fue un primitivo genial. Si no se percibe bien esto, es imposible comprenderle. Entonces, pasa, como ocurrió a las generaciones siguientes a su muerte, que la esencia verdagueriana se desvanece y sólo queda a la vista la envoltura circunstancial y caduca de su retoricismo. Verdaguer, el verdadero Verdaguer, fue un primitivo nato, sólo comparable a los cándidos y fervorosos pintores de la aurora del Renacimiento italiano. Sus poesías características, las suyas inconfundibles, parecen retablos o frescos conventuales, dignos del *tre y del cuatrocento*, pero trasplantados, por una maravilla providencial, al ochocientos y al corazón mismo de nuestra tierra.

Coged una cualquiera de las poesías definitivas de Verdaguer: *Lo noi de la mare, Captant, La Sagrada Familia, Sant Francesc s'hi moría, La farigola*; una de las que el compilador actual ha reunido certeramente bajo los epígrafes de *La llegenda daurada, La llegenda de les flors* y *El romancer*. Son verdaderos trípticos religioso-populares. La universalidad milenaria de la leyenda y la tradición cristianas viene a condensarse en un particularismo concreto y local. Verdaguer es toda la ternura cristiana catalanizada. Sus poesías, como las tablas prerrenacentistas, aparecen divididas en varias escenas separadas por finísimas columnas que sostienen arcos trilobados de pura tradición catalana. Los tonos de la pintura son angélicos, *fray-angélicos*, pero con menos oro y azul, con matices más pobres, más vulgares, más nuestros, aunque de una voracidad racial y de una inmarcesible frescura. Los personajes bíblicos y evangélicos de Verdaguer hablan, visten y se mueven como los contemporáneos rurales del poeta, exactamente a la manera como lo harían las figuras italianas tres y cuatrocentistas con respecto a sus divinos pintores. San José es un pobre carpintero de aldea, un humilde catalán de mil ochocientos setenta; la Virgen, una payesa del llano de Vich; los pastores, unos rústicos carboneros de las Guillerías. Los héroes patrióticos y las hadas legendarias son cazadores pirenaicos y tipos fabulosos de canción popular. En torno a esas figuras principales se extienden el terruño, la flora y la fauna de nuestras comarcas, con sus aromas y cantos silvestres. El segundo término está salpicado de *masíes* y surcado de caminos vecinales nuestros, con sus tejados amarillentos, tostados por el sol, sus pajares, sus carretas cansinas, sus caminantes y sus cañaverales. Y por el fondo, tras las suaves lomas que cierran el paisaje, asoman siempre, invariablemente, las azulinas cumbres de nuestras tres grandes montañas: el Montserrat, el Montseny y el Pirineo. A veces, Verdaguer necesita más espacio: deja la tabla y recurre al muro conventual. Así pintó algunos frescos maravillosos. *Captant* y *La mort de l'escolá* podrían estar en el camposanto de Pisa. Digo mal: mejor estarían, más atrás en el tiempo, en los claustros de Fiesole o de Orvieto.

Ante tamaño prodigio, ¿qué importancia tiene la flaca retórica de Verdaguer? Ninguna. El retoricismo es en él un puro accidente, una manifestación de ese tributo de mimetismo que todos los grandes escritores, por fuertes que sean, se ven obligados a rendir a la moda literaria de su época. Verdaguer vivió en tiempos de Víctor Hugo y de Zorrilla (a quien, incluso en sus postrimerías, seguía teniendo por «un poeta extraordinario»), en pleno influjo de la retórica romántica. Y cuando Verdaguer dejaba de ser lo que en el fondo era, seguía la boga del tiempo, se hinchaba palabreramente y caía en lo panorámico, lo gigantesco y lo geográfico, es decir, en las tres formas personales que en su alma tomaba el vicio retórico contemporáneo suyo. Carlos Riba insinúa al final de su prólogo que Verdaguer, si no hubiese tenido la suerte de realizar una obra más pura y auténtica, habría podido ser el Víctor Hugo catalán. No lo creo. Lo victorhuguesco en Verdaguer era algo puramente circunstancial, y jamás una obra de circunstancias pudo ser una obra verdadera como la del vate francés. El retoricismo de Verdaguer fue un reflejo de su tiempo. De haber vivido en otras épocas, el reflejo contemporáneo del poeta habría sido distinto; pero el fondo verdagueriano, eso, lo exclusivo o inimitable suyo, hubiera sido lo mismo.

Lo cronológico, en efecto, es lo accidental en Verdaguer. Las fechas de 1845 y 1902, entre las cuales se contiene su vida, no significan nada por sí solas, o, todo lo más, acusan la filiación de la parte caduca de la obra verdagueriana. Pero su resonancia capital, su valor definitivo, la esencia de lo verdagueriano, en suma, no cae bajo el 1800, ni bajo el 1900, ni bajo fecha alguna determinada por las circunstancias temporales, sino que pertenece al *cero absoluto*, es decir, a esa zona espiritual, misteriosa y embrionaria que no coincide con la cronología corriente, sino que se manifiesta de vez en cuando, ora aquí, ora allá, a través de las centurias, en los comienzos de todo renacimiento, y que podríamos llamar la *zona de los primitivos*. En Grecia se dio en el siglo VII antes de J. C.; en Europa, en los siglos XIII y XIV de la Era Cristiana; en Cataluña, a raíz de su resurrección espiritual, en pleno siglo XIX. Verdaguer es nuestro primitivo formidable e incomparable. Él solo vale por toda una escuela y por toda una época. Hoy, al iniciarse el retorno de algunos jóvenes poetas hacia esa gran figura, se ha dado en calificarlo de retorno a lo popular. No: es, en todo caso, un retorno a lo primordial. *Popular* y *primordial*, aunque a veces se confunden, no son lo mismo. Lo popular existe siempre; lo primordial se da una sola vez en cada desarrollo literario histórico. Y Verdaguer es eso: lo que se dio por única vez en nuestra renaciente poesía. De ahí el grave peligro de volver a él, ya que los impulsos como el verdagueriano suelen ser irreversibles por excelencia. El riesgo está en que, queriendo regresar a los primitivos, no se haga más que caer en el prerrafaelismo.

Yo creo inimitable a Verdaguer, al auténtico. Fijaos en un hecho elocuente. Lo único que ha hecho escuela de este gran poeta es su parte postiza. No ha habido cura, vicario, seminarista ni monaguillo de aldea en Cataluña que no haya soñado o proyectado su *Atlántida* ni enviado a algunos juegos florales una poesía pseudoverdagueriana, cortada según el tipo de las odas y grandes *machines* retóricas del poeta. En cambio, el aspecto primitivo, primordial, de Verdaguer, el imperecedero, ese nadie ha podido imitarlo, ni lo imitará.

Y en esto radica su fuerza. Las cosas que dijo Verdaguer por cuenta exclusiva y propia no son de su tiempo, ni del nuestro, ni del porvenir. Son una milagrosa expresión de afectos eternamente inefables para los demás, dichos en voz originalísima, única y simple, en una voz que por azar providencial se dejó oír en el preciso momento en que podía oírse, en los albores de nuestro renacimiento. Y lo inmortal de Verdaguer es esto: que en pleno «siglo de las luces», del gas, del vapor, de la electricidad, del automóvil y casi del avión, nos cantase como un genuino contemporáneo de las hadas pirenaicas, de la infancia de Jesús y de los deliquios franciscanos; y que en tiempos en que la poesía sólo empleaba, para el riego de sus paraísos artificiales, aguas turbias, complicadas, o filtradas, canalizadas y esterilizadas hasta lo infinito, hayamos tenido en Cataluña un pozo de agua límpida y natural cuyos rústicos cangilones fueron sacando la maravillosa frescura escondida, durante varios siglos, en las resecas entrañas de nuestra tierra.

Narcís Oller*

Me duele no haber podido verle una última vez ni acompañar sus despojos. He llegado tarde. A mi regreso a Barcelona, el venerable maestro ya no está en parte alguna de este mundo. Parece mentira que esto haya ocurrido en tres días de ausencia: ahora me hace el efecto de que he estado ausente un tiempo casi incalculable. Entre mi salida y mi regreso, tan próximos cronológicamente, se ha intercalado una medida extraña, un guion de eternidad. Han terminado ya las necrologías en los periódicos, las demostraciones de pésame, las comitivas fúnebres. Los amigos se han dispersado otra vez. Y ahora, solo y rezagado ante la tumba entregada a sí misma., quiero decir de Narciso Oller, de su personalidad literaria, todo lo que pienso. Este será mi último homenaje al maestro.

No ha habido en Cataluña, entre los escritores de su generación, la que dominaba en nuestras letras a fines del siglo XIX, una figura más limpia, más señoril, menos deformada por influencias e intereses ajenos a la literatura. Narciso Oller no se benefició nunca de la notoriedad que otros alcanzaban por esos medios, literariamente extralegales, consistentes en vincular su nombre a determinadas tendencias populares. No tuvo capilla que le proclamase santo ni partido que le erigiese en estandarte. Ni siquiera tuvo contacto con la muchedumbre. Sus ideas, en materia política, eran firmes y fueron siempre invariables. Era un catalanista fervoroso pero templado, un regionalista convencido y un gran admirador personal de don Francisco Cambó. Pero estos sentimientos suyos, que no se recataba de expresar en toda ocasión, e incluso con su ingenua y peculiar vehemencia, jamás se le ocurrió confundirlos con su labor literaria, ni mucho menos explotarlos en beneficio de ella. El ciudadano Oller no influía para nada en el Oller literato.

* «Narciso Oller. Un gran fotógrafo», *La Vanguardia*, 1-VIII-1930.

Un secreto orgullo de escritor de raza y una innata elegancia de burgués de la Barcelona antigua le apartaban de barajar en su vida esos órdenes tan distintos y complacerse en los halagos de la moderna populachería. Y así se mantuvo en un equilibrio casi excepcional entre nosotros. En su generación, e incluso en la siguiente, encontraríamos muy pocos escritores de talla cuyos nombres no aparezcan reforzados y a veces multiplicados con exceso a través de un halo político. Nuestros mejores escritores suelen ser, al propio tiempo, símbolos de banderías. En cambio, el nombre de Narciso Oller suena descarnado, desnudo, como un simple nombre de escritor. Detrás de ese nombre no hay más que labor literaria, sin sombra de otra cosa, sin exaltaciones partidistas ni consagraciones tendenciosas. Tampoco el entierro del maestro —según me dicen los que pudieron asistir a él— tuvo ni el más leve asomo de esas manifestaciones imponentes, demagógicamente patrioteras, a que estamos tan acostumbrados cuando fallece alguno de nuestros escritores de fama y en las cuales la muchedumbre, más que seguir al muerto, parece como si se siguiera a sí misma, porque el difunto no cuenta por lo que era él, sino por lo que quisiera ser ella. Así, en vida y en muerte, Narciso Oller habrá sido entre nosotros el más puro gentilhombre de las letras puras.

Hizo por lo menos tanto como Federico Soler, el popular Pitarra. Porque si este creó el teatro catalán moderno, no en el sentido de que lo sacase de la nada, sino por haberle dado forma y consistencia, Oller hizo otro tanto con nuestra novela. Con la gran diferencia de que Oller realizó su obra muchísimo mejor que Pitarra la suya. El teatro de Federico Soler es una producción puramente local que ni puede leerse ni puede exportarse. Las novelas de Oller soportan perfectamente la comparación con las que en todas partes de Europa se escribían en su tiempo, y prueba de ello es que varias obras del maestro catalán han sido traducidas a idiomas extranjeros. Este es, precisamente, un aspecto de la personalidad de Oller que ha sido poco subrayado.

En el renacimiento literario de Cataluña puede observarse el hecho de que ni su teatro ni su poesía estuvieron durante mucho tiempo al compás del movimiento general europeo, como si el esfuerzo de resucitar el idioma y los géneros decaídos absorbiese todas las energías de nuestros escritores, que retardaban visiblemente con relación a las escuelas modernas. Mucho después de haberse ya agotado el Romanticismo más allá del Pirineo, nuestro teatro seguía siendo todavía puramente romántico y costumbrista. Y cuando ya triunfaban en Francia el Parnaso y el simbolismo, nuestra poesía seguía siendo floralesca. Baudelaire y Verlaine no llegaron plenamente a nosotros hasta hace veinte años, con la generación de José Carner. Lo admirable, pues, de la obra de Oller, no fue solamente su creación de la novela catalana moderna, sino el hecho, único en Cataluña, de que al mismo tiempo la creó en perfecta paridad y consonancia con la última y modernísima tendencia entonces imperante en Europa, con un sincronismo que no se había dado ni quizá se haya vuelto a dar entre nosotros. *La febre d or*, por ejemplo, la escribió Oller al mismo tiempo, sin saberlo, que Zola escribía *L'argent.* Y cuando se enteró, por una casualidad, de que el maestro francés trabajaba en esa obra, Oller terminó y publicó febrilmente la suya, temeroso de que pudiera parecer un plagio si la daba a luz después de haber salido la de su rival. En la constelación del realismo, que durante varios lustros imperó en el firmamento europeo, Cataluña tuvo una estrella propia: la de Narciso Oller. ¿De qué otros escritores nuestros podría decirse lo mismo?

De Oller diré yo algo más. Si a la figura de Ángel Guimerá, tan gloriosa, la despojamos de todo el fárrago extraliterario que la envuelve, de su actuación política, de su discurso en el Ateneo Barcelonés, de sus apoteosis teatrales y patrioteras, de la encarnación que su venerable figura representaba para el chovinismo popular, especialmente en los últimos años de su vida, ¿qué nos queda? Nos queda un poeta lírico de extraordinaria y racial fortaleza. El nombre de Guimerá se salvará siempre, literariamente, por la áspera fuerza de su estro poético, por su poemática visión del mundo y por su lirismo concentrado y viril, que varias veces logró escalar vertiginosas cumbres de evocación y de ensueño. Guimerá es superior a Oller, en cuanto fue un poeta. Pero yo creo que su teatro, al cual debe las cuatro quintas partes de su popularidad, se marchitará muy pronto, porque es mucho más teatral que humano, más convencional que otra cosa, y su valor quedará principalmente reducido a una muestra de lo que fue entre nosotros, tardíamente, el teatro romántico cuando el romanticismo había ya desaparecido de las escenas europeas.

Pues bien: en este sentido mismo, como muestra de una época, como documento literario, la novela de Oller es para mí superior al teatro de Guimerá. Es infinitamente menos pretensiosa, más exacta, más fiel, más real. En la novela de Oller podrá encontrarse siempre, bajo una calidad estilística inferior a la de la poesía guimeraniana, pero de manera inequívoca, minuciosa y puntual, cómo eran realmente los catalanes que se entusiasmaban con el teatro de Guimerá, aunque nada tuviesen que ver, ni por asomo, con sus temas ni sus personajes.

Oller es el gran fotógrafo social de la Cataluña ochocentista en el último tercio del siglo, de aquellos tiempos en que, según José María de Pereda, que fue amigo y huésped del novelista catalán, París olía a asfalto, Barcelona a gas y Madrid a cuadra de caballo.

Joan Maragall[*]

En nuestras latitudes espirituales se produce un fenómeno muy parecido al que nos cuentan de los trópicos: se pasa bruscamente, sin gradación, sin crepúsculo, del día a la noche, de la gloria al olvido. Hoy se es genio; mañana se es nada: todo con idéntica facilidad. En Francia, tierra de cultura intensiva, secular y profunda, de sociabilidad incomparable, de razón exquisita, donde la inteligencia es el primer valor de toda jerarquía y las artes y las ciencias decoran y ennoblecen un número incalculable de vidas, incluso entre las más humildes; allí, digo —después de este largo e involuntario suspiro—, es bastante difícil destacar en algo. Pero, una vez se ha destacado, todavía se hace entonces más difícil esfumarse del todo y morir. Está tan espiritualizada la atmósfera que el pedernal del alma no tiene más que echar una sola centella, por tenue que sea, para provocar una llama perenne, capaz de recordar indefinidamente, como una lámpara votiva en las tinieblas del Tiempo, el milagro de ingenio que se realizó un día. En Francia son incontables los grandes talentos de una sola obra. A ninguno le falta su *Société des Amis de...*, su capillita y sus devotos. Incluso los espíritus puramente amables, discretos, de quinto y sexto orden, de los cuales se guarda piadosa memoria, son legión. La cultura francesa es como una noche de estío estrellada, un jardín ideal cuajado materialmente de luceros de todas las magnitudes: hay los grandes astros solitarios, de fascinadores destellos; hay los planetas, los satélites; hay, por fin, la formidable polvareda de la Vía Láctea, y ese resplandor de las estrellitas anónimas, vago, difuso, pero maravilloso, lo que en catalán llamamos

[*] «En torno a Maragall. Dos fraternales poetas», *La Vanguardia*, 7-X-1927; «En torno a Maragall. El divino ocio», *La Vanguardia*, 14-X-1927; «En torno a Maragall. El doble fondo», *La Vanguardia*, 28-X-1927; y «En torno a Maragall. Posdata a Pijoán», *La Vanguardia*, 11-XI-1927.

celístia —una *celístia* espiritual—, que constituye, como el último término, el fondo diamantino del firmamento. ¡Cuán ingrato resulta ser en España un genio! ¡Qué amable es tener en Francia siquiera un poco de talento!

En Cataluña, la brusquedad tropical con que se realiza el tránsito de la luz a la sombra es algo pavoroso. Diríase que nuestros grandes hombres, al morir, como el sol al ponerse en el centro africano, caen en una sima insondable. No resucitan transfigurados entre los vivos, sino que desaparecen del todo, incluso de su recuerdo. Entre nosotros hay una prisa horrible por enterrar a los muertos y repartirse sus vestiduras. Un educador político se reemplaza por otro diametralmente distinto; un príncipe de la poesía, por su edecán; un obispo, por un monaguillo; un filósofo, por cualquiera. Ni de Pi y Margall, ni de Prim, ni de Milá y Fontanals, ni de Aguiló, ni de Verdaguer, ni de Prat de la Riba, ni de Guimerá, hemos sabido casi nada después de muertos. En el mejor de los casos se habrá hecho, con hartas deficiencias, la consabida edición de sus obras completas, que casi nadie (como no sea por compromiso) ha comprado y que seguramente no ha leído más que el editor. Nos faltan casi siempre la correspondencia de esos grandes hombres, su biografía definitiva, su bibliografía completa, su museo de recuerdos; nos faltan la crítica y el estudio de sus actos y escritos, la labor piadosa, constante, interminable, de «embalsamamiento espiritual» que sobre ellos deberían hacer los eruditos y otros especialistas para conservar a través de los tiempos hasta el último átomo de esos organismos privilegiados que son la máxima justificación de la raza, y cuyas cenizas, abandonadas al viento, ahora, en pocos años, acabarán por desaparecer del todo; nos faltan, en una palabra, esa admiración y devoción públicas y persistentes respecto de los fenómenos espirituales que son las creadoras y sustentadoras del culto a los muertos, base de toda civilización: ese culto que, en el orden de la sensibilidad y de la inteligencia, recibe el nombre de *cultura*. Y no hablemos de los segundones, de un Bosch de la Trinxería, por ejemplo, o un Joaquín Vayreda, o un Mañé y Flaquer, o un Vilanova, o un Durán y Bas, o un Pin y Soler..., uno cualquiera de esos cuyos equivalentes relativos en la historia cultural de Francia figuran a centenares, al punto de obstruirla a veces, como se ve en la inagotable galería de retratos que pintó Sainte-Beuve. Esos personajes de segundo orden para abajo no sólo entre nosotros no viven después de muertos, sino que incluso ya mueren en vida.

Por esto es tan grato encontrarse, de pronto, con un libro como *El meu don Joan Maragall*, que José Pijoán, desde el Canadá, donde actualmente reside, acaba de publicar en Barcelona. No sólo constituye en su género un ejemplar rarísimo entre nosotros, sino que además es, sin disputa, uno de los libros más vivos, más deliciosos que desde hace mucho tiempo hayan aparecido en Cataluña. A decir verdad, el manuscrito llevaba ya en Barcelona varios años de residencia, en poder de los hermanos Oliva de Vilanova. Yo mismo había incluso hojeado los primeros pliegos impresos de una edición que no ha salido a luz porque Pijoán, que aun desde más allá del Atlántico, a distancias enormes, sigue siendo un disputador empedernido, no llegaba nunca a entenderse con los impresores de aquí acerca de los retoques gramaticales y el adecentamiento ortográfico que el manuscrito requería, sobre todo después de que el autor lleva una tan prolongada ausencia de su país natal, donde el idioma y sus normas, gracias a un renacimiento glorioso y difícil, varían cada cinco minutos.

¿Qué habrá ocurrido? Lo ignoro. El caso es que el libro acaba de aparecer, por fin, en manos de otro editor, y con evidentes huellas de haber sufrido en el vocabulario abundantes pinceladas de corrección. Lástima que el anónimo retocador de ese interesantísimo retrato, puesto ya en su tarea, no se haya preocupado de la puntuación, que en múltiples pasajes es desastrosa. Con todo, resulta un libro sabroso como pocos, que el lector inteligente devora de cabo a rabo, incluso las cubiertas, y todavía se queda insatisfecho: tanta es la doble fascinación de esas páginas en que las figuras de Juan Maragall y José Pijoán, los dos fraternales poetas de Barcelona —de una Barcelona ya histórica, con ser de ayer—, andan fundidos y hermanados hasta el punto de que no se sabe bien cuál de los dos es quien habla del otro, pues ambos vienen a ser como dos caras complementarias de un solo espíritu.

Lo que más me recuerda este librito breve y anecdótico, y al mismo tiempo evocador e incisivo, es aquellas desgarbadas y palpitantes biografías que los artistas del Renacimiento, especialmente los florentinos, se prodigaban entre sí, de discípulo a maestro o de un amigo a otro. No tenían nada de esa pompa retórica y ese ritmo protocolario, apenas salpicados de sales cáusticas en algunos casos, que presentan los «elogios» académicos de los siglos posteriores, especialmente del XVII y el XVIII, todavía usados en el XIX y el XX. Eran, por el contrario, evocaciones espontáneas y desaliñadas, verdaderas charlas de taller, llenas de intimidades, chistes e incluso malicias, pero frescas y coleando como el pescado al salir de las mallas trémulas del pescador. En el libro de Pijoán, como en esas «vidas» florentinas, las figuras centrales, la de Maragall y la del propio autor, no aparecen en una *pose* convencional y aislada, de cuadro académico, sino en plena calle, revueltas y mezcladas con otras episódicas, que asoman rápida y vigorosamente para esfumarse luego, y envueltas todas por la atmósfera inconfundible de una época barcelonesa que ya pasó para siempre. Hay escenas de muchas clases, en la intimidad y en la plaza pública. No deja de haberlas también en mangas de camisa. Y es necesario reconocer que son de las mejores. Pijoán era conocido hasta ahora por varias cosas, ya que su actividad ha sido siempre incansable y las formas que revistió con el tiempo han resultado proteicas. Pero desde hoy debemos ponerle entre los capaces de escribir deliciosas memorias. ¿Por qué no emprende, en gran escala, las de sus inverosímiles e incomparables aventuras por todas las tierras catalanas?...

Desde que comencé el libro hasta que lo hube terminado (y ello transcurrió en una noche), una idea, mejor dicho, una bella reminiscencia ideal, me obsesionaba a través de sus páginas. ¿A qué se parece esa honda, entrañable e imperecedera amistad que tuvieron, y siguen estrechando por encima de la muerte, esos dos poetas fraternales nuestros, Maragall y Pijoán? ¿Qué recuerda un fenómeno tan raro, tan insólito en todas partes, ya que la rivalidad de los lirismos es cosa eterna y universal, y en nuestra tierra rayano en lo fabuloso?... Yo evocaba involuntariamente las sombras de Goethe y de Schiller. Sin comparación posible, que no hay ninguna necesidad de establecer, y en una Barcelona de fines del siglo XIX, que en nada se parecía ni remotamente a la de Weimar de últimos del XVIII, Maragall y Pijoán, entre nosotros, tienen, no obstante, algo que hace pensar, reducido a la escala de nuestras humildades, en la fraternidad de aquellas grandes figuras. Maragall gozaba un poco de la serenidad de Goethe; Pijoán tenía mucho del juvenil e impetuoso ardor de Schiller. Su mutuo influjo se manifestaba en forma semejante al que se ejercían entre ellos los dos amigos de Weimar. Y también aquí el más joven fue el que murió primero..., ya que el voluntario destierro en vida misma de Maragall que se impuso Pijoán, su alejamiento total de nosotros y su dilatado silencio, equivalen a una pérdida irreparable para la cultura catalana.

Sea como sea, este libro ha desatado en mí —y este es un signo inequívoco de su excelencia— una antigua vena de meditación contenida. Yo tengo de Maragall, además de hondos y personales recuerdos, una visión bastante distinta de la que ha solido estereotiparse en Cataluña. La he revelado muchas veces a mis amigos, la he dejado traslucir incluso en algunos escritos. Y al verla ahora corroborada indirectamente, pero de una manera para mí indudable, en el libro de Pijoán, me parece que esta es la ocasión propicia para formularla. Lo intentaré la próxima vez.

•

En uno de los primeros dramas en verso de Eduardo Marquina, titulado *El pastor*, que se estrenó a principios de siglo en el teatro Eldorado, de Barcelona, recuerdo que el protagonista, encaramado simbólicamente en unos picos de cartón pintado, que eran alturas renovadoras y revolucionarias, y vuelto de cara al resplandor de un foco eléctrico que simulaba la aurora de la redención social, cantaba no sé qué fabulosos tiempos futuristas, cuando los hombres serán todos libres:

¡Comulgando en el Sol cada mañana!

Pues bien: desde que Cataluña existe, ha habido, que yo sepa, un solo hombre en condiciones de poder gozar plenamente de esa ilimitada libertad. La vida es demasiado difícil para que todos los días, al levantarnos, nos sea posible acudir a esa comunión que de joven nos predicaba Marquina. ¡Qué más quisiéramos nosotros! Pero la necesidad no nos deja. Tarde o temprano, uno tras otro, hemos debido renunciar a las purezas e ingenuidades mañaneras. El mismo poeta-predicador, el fogoso Eduardo de nuestras mocedades, el ilustre Marquina de hoy, ha dejado de practicar hace tiempo el rito simplista de sus veinte años. Sin embargo, ha habido en Cataluña —como iba diciendo— un hombre excepcional, cuya única preocupación, durante toda su vida, no fue otra que la de comulgar cada día, y no a la manera convencional del pastor marquinés, sino realmente, en plenitud de espíritu, llevado de un fervor inextinguible y con todo lo que del mundo exterior le entraba por los ojos. No hizo más, no quiso hacer nada más, no se vio obligado a otra cosa en este mundo. Ese hombre privilegiado fue Juan Maragall.

Nunca supo lo que es trabajar, en el sentido bíblico de la palabra, es decir, ganarse el pan con el sudor de la frente. Su padre, un fabricante de Barcelona con telares en Sabadell (un catalán de pura cepa), trabajó con creces para todos los suyos. Juan Maragall no le ayudó para nada, no quiso (e hizo bien) secundar el esfuerzo paterno, del cual dependía, no obstante, su propio porvenir material. Más para evitar compromisos que por vocación verdadera, y en el fondo, como medio de conservarse disimuladamente ocioso, Maragall emprendió la carrera de abogado. Una vez terminada, la arrinconó también. Y como entonces ya no tuvo con qué cubrir las apariencias, mientras su padre proseguía su encarnizado empeño económico, Maragall se entregó de lleno al «ateneísmo», vicio intelectual característico de España, de Barcelona y de Madrid, cuyos estragos sólo pueden compararse a los de los más acreditados estupefacientes. Leía, divagaba, discutía, charlaba y trasnochaba sin orden ni concierto durante todo el año. Y esto duró hasta los treinta. «Es de creer —dice Pijoán en *El meu don Joan Maragall*— que, de no haberse casado, y más todavía, de no haberlo hecho con quien se casó, habría acabado como todos sus amigos, que todos murieron neurasténicos y prematuramente». Era tan evidente que, en vísperas de casarse y a los treinta años cumplidos, Maragall no «servía para nada», como suele decirse, que los padres de los novios «convinieron —sigue Pijoan— en no dejarles contraer matrimonio hasta que aquél tuviese una ocupación cualquiera, grande o pequeña, pero que al menos le ocupase el día». Maragall, para salir del paso, ingresó en el despacho del abogado Serrahima.

Fue pura fórmula. Maragall heredó muy pronto una considerable fortuna, la tejida por el padre en sus telares, y pudo seguir prescindiendo del trabajo —del penoso, del «bíblico»— durante toda su vida.

He aquí cómo empleaba habitualmente los días de su madurez, según nos cuenta Pijoán. Se levantaba tarde, en su «torre» de San Gervasio. Desayunaba solo, porque los demás lo habían hecho ya horas antes, y leía el periódico; luego, se ponía el sombrero —un poco ladeado siempre— y se iba a dar un paseo hacia el monte próximo, por las laderas o hasta la cumbre del Tibidabo, a saludar el primer almendro florido, la retama nueva, o a contemplar desde lejos el Pirineo y el mar. (Dígase si esto no es, realmente, *comulgar en el Sol cada mañana*, como aconsejaba Marquina). Otras veces, las menos, bajaba a Barcelona y se pasaba dos o tres horas en el Ateneo, hojeando revistas y libros nuevos, en santa paz.

Llegada la tarde, después de comer en familia, se encerraba en su gabinete, en el segundo piso de la casa-torre, para que no le molestara nadie. A través de la ventana divisaba la suave lejanía montañosa de San Pedro Mártir. Y se ponía a meditar o escribir hasta la hora del té, hasta las cinco. Entonces bajaba a reunirse de nuevo con su familia y algunos amigos íntimos. A veces eran más de veinte sentados a la mesa, que estaba provista de la más rica y tradicional pastelería del Forn de Sant Jaume. Terminada la merienda, Maragall se ponía al piano y tocaba fragmentos de Mozart, Beethoven o Wagner. La conversación, una vez desatada, se prolongaba hasta muy tarde. La cena era a las nueve y media. Luego, Maragall leía un poco o jugaba al billar. El sueño se iba filtrando en sus ojos, apaciblemente, y cuando los rendía, Maragall no debía hacer otra cosa que entregarse y dormir.

Nunca quiso abandonar esa blanda coraza con que venía protegido desde su infancia. Viajó muy poco. Pasaba los veranos, como un perfecto burgués de Barcelona, en Caldetas. Jamás quiso aceptar cargos públicos, diputaciones ni representaciones de ninguna clase, que fatalmente le habrían obligado a salir más o menos de su comodidad, de su tranquilidad, y a contemporizar con lo impuro y lo desagradable. Y hay que buscar, indudablemente, en esa voluntad de ocio ideal, servida por una perfecta posibilidad material de mantenerse ocioso, una de las primeras claves no sólo de su vida, sino también de su obra, de su admiración por todo lo espontáneo y fácil, de su recelo por todo lo reflexivo, de su antiintelectualismo, de su poética, incluso de su famosa «palabra viva». La poesía, según la entendía Maragall, no es sino lo más diametralmente opuesto al trabajo, la más alta categoría del ocio, la espesa gota de licor que rezuma la fruta del espíritu cuando se la deja madurar intacta, sin atormentarla para nada, empapándose día tras día, en una divina e indefinida vagancia, del espectáculo del mundo.

Recuerdo que mi padre, el antípoda del de Maragall, aunque también burgués de nuevo cuño, en mis primeras aficiones literarias no vio otra cosa, con indecible espanto, que una prueba palpable, si no de tontería absoluta, cuando menos, de absoluta incapacidad para todo lo serio y digno de consideración en este mundo. Hizo de buena fe cuanto en su mano estuvo para contrariar o desviar mi vocación. Y un día que para ello empleaba el sarcasmo, resumió mi vida de entonces a alguien que estaba de visita en mi casa, y en presencia mía, con las siguientes palabras: «Hombre, ese chico es una verdadera calamidad. No hace nada. Él dice que sí, que está haciendo continuamente poesías. Pero eso no hay manera de tomarlo en serio. Porque, vamos a ver: figúrese usted que el lunes mi hijo se levanta después de haber dormido como un patriarca. Come bien, cena bien. Se pasea varias horas al día. El martes, se levanta otra vez, fresco y sonriente; vuelve a comer con su invariable apetito y luego estira a su gusto las piernas. El miércoles, lo mismo. Y así va pasando, en idéntica bienaventuranza, el jueves, el viernes, el sábado, la semana entera, alimentándose de primer orden y acumulando en su organismo joven un formidable caudal de energía. «¡Naturalmente —gritaba mi padre lleno de indignación—, al llegar el domingo, compone un soneto!». Y por todo comentario, añadía encogiéndose de hombros, con profundo desprecio: «¡Vaya una gracia! ¡Yo también lo haría!» ...

Cierto que mis sonetos de aquel tiempo, dominicales u otros, eran muy malos, y que los de mi padre, si llega a componerlos, hubieran resultado todavía peores, pues las buenas digestiones no bastan para convertir a un hombre más o menos inteligente en un poeta. Pero también es para mí indudable que la poesía de Maragall, una vez dado lo esencial, que fue su espíritu, tuvo mucho ese carácter de «secreción beatífica» que mi padre asignaba erróneamente a toda clase de lirismo. Y me parece que ni el poeta ni su obra pueden obtener una comprensión ni una explicación suficientes, cabales, si se prescinde del ocio profundo, continuado, casi infantil, barcelonés y burgués, en que se produjeron.

El caso de Juan Maragall es, en nuestra literatura catalana moderna, el antípoda del caso de Juan Alcover. A no ser por el dolor, que le hirió cruel e irreparablemente, en plena madurez de la vida, Alcover habría sido un poeta amable, siempre fácil, sonoro, elegante: un buen poeta de circunstancias para composiciones convencionales y de escenografía, más brillantes que sólidas. Sólo el infortunio le transformó en gran poeta. Maragall fue todo lo contrario. Gracias a la doble y triple serie de almohadas y *capitonnages* con que su padre, primero, y la fortuna de su padre, después, acolcharon su vida, amortiguando los choques bruscos y las asperezas; gracias a haber podido (porque no basta querer, ni saber) escamotear todo dolor rastrero, de esos que asaltan de improviso a un hombre, como una fiera a un caminante, Maragall llegó a ser lo que fue.

¿Qué habría sido si en vez de encontrarse en su «torre» burguesa, con la fortuna consolidada y la familia próspera, Maragall se hubiese visto, a los veinte años, desnudo, famélico y en mitad de la calle? Esta pregunta, tan interesante, la contestaré otro día.

•

La *secció filològica* del Institut d'Estudis Catalans era, en sus primeros tiempos, la cosa más pintoresca del mundo. La filología no apareció por allí hasta que Pompeyo Fabra, el gran reformador del catalán moderno, fue llamado a presidir la corporación. La había improvisado aquel incomparable improvisador que se llamó Prat de la Riba con la ilusión de instituir una especie de academia de la lengua catalana. Si no recuerdo mal, los primeros miembros de la nueva sección de l'Institut (que hasta entonces sólo contaba una, la *històrico-arqueològica*, en la que yo tuve el honor, siendo muy joven todavía, de colaborar, anónima y modestísimamente, en calidad de secretario-redactor) fueron seis: mosén Antonio María Alcover, Ángel Guimerá, Juan Maragall, José Carner, Luis Segalá y mosén Federico Clascar. El P. Alcover era el presidente, aunque sólo ahora parezca mentira, pues entonces no se le designaba de otro modo en la prensa partidista que por «l'apòstol de la llengua catalana». Guimerá y Maragall estaban en calidad de figuras representativas. El primero no asistió ni a una sola de las sesiones académicas; el segundo, a muy pocas. Segalá era miembro en virtud de sus conocimientos en filología griega y de su cátedra universitaria. Y nadie sabe a ciencia cierta por qué habían sido nombrados José Carner y mosén Clascar. Ambos figuraban entre los confidentes íntimos y hombres de confianza de Prat de la Riba, y el último era, además, su confesor particular.

Los únicos que solían reunirse, una vez cada semana (en la llamada «sala azul» de la Biblioteca de Catalunya, donde hoy está instalada la colección cervántica Bonsoms), eran mosén Alcover, mosén Clascar, Luis Segalá y José Carner. Algunas veces, incluso faltaba también el primero, el presidente, porque era canónigo de Palma de Mallorca y perdía el vapor correo. Pero lo que no faltaba nunca en las sesiones, aunque sólo fuesen dos los reunidos, era un buen humor inagotable y unas carcajadas estrepitosas. Como materialmente no sabían qué hacer, porque de filología catalana nada tenían por decirse, se pasaban la tarde contando chistes y chascarrillos. José Carner, que era el tesorero de la sección y el botafuego del concurso, mandaba a buscar en abundancia puros y cerveza. Las risotadas se oían desde los claustros contiguos de la catedral. Cuando se levantaba la sesión, la sala desierta, pero llena de humo, con las sillas en desorden y la mesa cargada de cascos vacíos, montones de ceniza, colillas y algún vaso derramado, olía mucho más a taberna que a docta academia.

Una vez que asistió Maragall (creo que fue la última), ya en sus postreros días, los filólogos pusieron a discusión no algún complicado punto de semántica, sino el próximo e inesperado casamiento de uno de ellos, el doctor Luis Segalá. Como este, además de ser tímido, era ya muy maduro para novio, con una cabeza más propia de Sócrates que de Alcibíades y menos provista de pelo que de sabiduría, José Carner triunfaba fácilmente de la situación. Con su socarronería habitual entonces, se puso a entonar, ante el colega enamorado, un copioso ditirambo sobre la noche de bodas. De pronto, cuando la broma ya comenzaba a hacer retemblar los cristales, Maragall, pálido, pero con los ojos y los pómulos como brasas, interrumpió bruscamente a Carner. «Está usted muy equivocado —le dijo con cierta aspereza— si cree usted que la noche de bodas es eso. Es todo lo contrario». Hubo una pausa; las carcajadas cesaron; Segalá respiró. «El primer despertar, después de esa noche tan alabada —prosiguió Maragall, con el labio ardiente y su pequeña voz temblorosa, en medio de un estupefacto silencio—, es algo muy desagradable». Siempre recordaré estas palabras: «Diríase —prosiguió— que os encontráis de pronto con un extraño (*que topeu amb un foraster*). Y el primer impulso irreflexivo es de expulsar aquel estorbo (*treure s aquella nosa de la vora*)»... Nadie replicó una palabra. No dijo más Maragall. Aquella tarde se acabó la broma, y poco después la sesión tuvo que ser levantada por falta de tema.

Luego he reflexionado centenares de veces sobre mi inolvidable recuerdo. ¿Puede darse algo más maragalliano que la noche de bodas? ¿Era posible que el poeta mismo hubiese hablado de ella en tales términos? ¿Cómo podía explicarse una cosa tan rara? ¿Sería la enfermedad, que ya estaba royendo a Maragall?... Esta fue la interpretación que más me satisfizo durante largo tiempo. Pero luego comencé a rectificarla, comparando la escena del Institut, poco antes de morir el poeta, con otros actos y manifestaciones suyos muy anteriores. Recordé, por ejemplo, un diálogo entre Maragall y el presidente de la Audiencia de Lérida, en 1907, estando yo presente, en la fonda donde el poeta se hospedaba con motivo de haber ido a presidir los Juegos Florales. El magistrado intentó hacerle a Maragall algunas observaciones de carácter político. El poeta se transformó instantáneamente, con una súbita reacción de una violencia inverosímil, magnífica. Yo le miré maravillado, como si de pronto se me apareciera otro hombre. Aquel no era ni el Maragall del *Brusi* ni el poeta Maragall: era un Maragall radical y revolucionario.

Recordé también los disgustos que Maragall había dado a Mané y Flaquer con sus audacias intermitentes y la extremada prudencia que el director del *Diario de Barcelona* ponía en la lectura y corrección (incluso, a veces, confiándolas a manos eclesiásticas) de los artículos de su colaborador predilecto. Con Prat de la Riba y en *La Veu de Catalunya*, más tarde, había ocurrido otro tanto. Fueron no pocos los rozamientos entre el poeta y el político, porque este dejaba de publicar artículos de aquel. Prat de la Riba no los devolvía, pero los encerraba en un cajón, dejándolos en *cuarentena*. Uno de ellos, que ignoro si llegó a publicarse, y en todo caso apareció muy tarde, fue el formidable artículo *L església cremada*, escrito por Maragall a raíz de la Semana Trágica de 1909 y recogido en sus obras completas.

De vez en cuando, Maragall tenía arremetidas desconcertantes, que llegaban hasta los bordes mismos de la ortodoxia, o hacían tambalear ese orden público y esas ideas conservadoras, tradicionales, que por otra parte solía practicar o defender sinceramente. A esos arranques no se les daba, en vida del poeta, más importancia que la de *boutades* de un idealista. Y hasta ahora no creo que nadie las haya visto y examinado todavía como lo que eran realmente: como explosiones intermitentes de un volcán escondido. Toda su labor de publicista está llena de esas detonaciones misteriosas. Otra que ahora recuerdo— y valdría la pena repasarlas todas, metódicamente, en algún estudio a fondo sobre Maragall— es la que dio, no mucho tiempo antes de su muerte, a raíz del robo de la *Gioconda*, en el Museo del Louvre, saliendo, desde las recatadas páginas del *Brusi*, no sólo a justificar escandalosamente el hurto sensacional, sino a hacer su apología. Finalmente, en *El meu don Joan Maragall*, de Pijoán, he encontrado un documento, para mí decisivo, que me ha retrotraído al punto de mis primeras sospechas, a la inolvidable escena del Institut. Es la carta escrita por Maragall a su íntimo amigo Soler y Miquel, comunicándole el nacimiento de su primogénita.

¿Hay algo, después de la noche de bodas, que en teoría sea más maragalliano que el nacimiento del primer hijo? Si a los millares de lectores de Maragall, a los más fervientes e inteligentes, les dirigís por separado esta pregunta: «¿Cómo cree usted que Maragall acogió al primer fruto de sus famosos y admirables amores?», es seguro que ni uno sólo dejará de imaginarse a su poeta predilecto en una situación de arrobamiento espiritual ante el entrañable misterio. Pues bien: no hubo nada de eso, sino todo lo contrario. Maragall, mientras su esposa daba a luz, se «paseaba por el piso —dice él mismo— como una fiera enjaulada, fumando cigarrillos» y murmurando los más amargos, los más desilusionados versos de Leopardi. En su primer hijo (o hija, pues fue una niña), que teóricamente debía aparecérsele como algo inefable, no ve más que a «un ser de esos que el 1.000 por uno no tienen nada de particular». Y añade, en aquellos momentos al parecer tan *suyos*, tan llenos de su espíritu poético, estas memorables palabras: «Tots els nostres optimismes són malaltissos, són resignacions o són merament trascendentals» ¿Es posible que esto lo haya sentido y pensado Maragall, y precisamente en aquél trance? Sí, y él mismo añade, a continuación, el por qué, la clave de ese enigma, que es uno de sus mayores secretos: «La vida —dice—, contemplada per sobre i en total, és hermosa: la vida, viscuda, és trista».

Esto es lo que yo llamo el doble fondo de Maragall, un doble fondo realmente volcánico, disimulado, recubierto por la lozanía y fertilidad de las capas superiores, como un árido cráter bajo la jugosa alfombra de un prado primaveral. Sólo de tarde en tarde, por alguna grieta abierta intempestivamente, de ese doble fondo brotaba una leve humareda sulfúrica y un hosco rumor de trueno. Y nadie recelaba, porque al levantar los ojos, el prado superior aparecía siempre florido, bajo el cielo sereno y azul. Pero la lava corría en las profundidades.

Lo decisivo en la vida y para el espíritu de Maragall, lo que conservó hasta el fin su equilibrio —haciendo que el volcán permaneciese oculto, disimulado bajo la pradera en flor—, fue su independencia económica y social, su libertad absoluta, su imperturbado ocio. Maragall no estaba hecho para ser contrariado, para sufrir y luchar en la vulgar pelea cotidiana. La vida —como él mismo dijo tan certeramente— sólo le parecía hermosa vista por encima y en conjunto. Mas para ello Maragall necesitaba poder quedarse al margen, a contemplarla serenamente, y no tener que echarse de cabeza, nadar, bracear, disputar el sitio y agotarse en plana corriente. Cuando Maragall, al doblar uno cualquiera de sus recodos de ensueño en que gustaba perderse ociosamente, se topaba con la vida en bruto, en toda su crudeza, le era tan molesta y antipática que la apartaba bruscamente de sí. Esto eran, en el fondo, sus inexplicables e intermitentes reacciones.

Si Maragall, en vez de estar protegido y acorazado como lo estuvo, hubiese debido bregar y sufrir, ganarse la vida y abrir paso a sus catorce hijos, día tras día, todo el año, a través de las vallas y fielatos de los intereses creados, de los patronos, del orden establecido, de las costumbres tradicionales, y en el ambiente de sordidez local que tanto supo idealizar con sus cantos, el mejor día habría habido un cataclismo. El doble fondo del poeta habría hecho explosión. Y Maragall se hubiese trocado en un amargado, en un inconformista irreductible, en un eterno inquieto, en un inquietador peligroso, en un posible revolucionario…, en un Pijoán. La fraternal amistad que Maragall y Pijoán se profesaron y la fuerza oculta que les atraía mutuamente eran debidas a la identidad secreta de su doble fondo, que en Pijoán estalló de una manera franca y definitiva, mientras en Maragall pudo permanecer apagado, acolchado. Tanto es así, que, a mi juicio, las mejores definiciones esquemáticas que puedan darse de uno y otro son estas: Maragall fue un Pijoán rico; Pijoán, un Maragall pobre. Puesto este en el caso de aquel, también habría reñido con todo el mundo, tampoco habría sabido transigir, y a estas horas, quizás, también estaría o habría estado Dios sabe dónde, lejos de su patria.

La suerte quiso darnos no un ejemplar repetido, sino dos distintas facetas de un solo espíritu, y una de ellas rarísima, excepcional. Maragall, atormentado y errante, no habría sido ninguna novedad entre nosotros. En cambio, aburguesado y ocioso, todo su fuego interior pudo consumirse verticalmente, como una llama luminosa, sin necesidad de extenderse en estragos externos, como hace la hoguera. Su carencia de necesidades vulgares le mantuvo en una elevación invariable; la inutilidad de su bilis le conservó la inocencia. Y así, su voz, que cualquier accidente habría bastado para convertirla en bronca y airada, se alzó con una pureza y una virginidad tales como no se ha oído ni es probable que se oiga otra igual entre nosotros.

•

Me imagino fácilmente, mi querido amigo, las carcajadas joviales, homéricas, que usted lanzaría, como en sus mejores tiempos, si pudiese ver de cerca lo ocurrido aquí a raíz de su delicioso libro *El meu don Joan Maragall*, y sobre todo de los comentarios que yo me atreví a dedicarle.

Las palabras de nuestro grande y amado poeta, publicadas por mí, eran, además de inconfundibles —trémulas todavía de la voz que las pronunciara dieciséis años antes—, hermanas gemelas de las escritas en la carta de Maragall a Soler y Miquel que usted nos ha dado a conocer en su libro. No obstante, aunque este ha despertado la indignación de mucha gente —y ya oigo que suelta usted otra risotada—, la publicación de aquella carta no ha sido, que yo sepa, censurada todavía. En cambio, a las palabras divulgadas por mí, y a la intención que me guio al hacerlo, se les ha dado un sentido absurdo, una interpretación miope, un propósito necio, un contenido maligno, una trayectoria inverosímil, una finalidad inconfesable. Se ha dicho de ellas todo menos la verdad: que no contienen más que espíritu y que fueron divulgadas como contribución a un esquemático intento de deshacer el enigma y el milagro maragallianos mediante una hipótesis, cierta o equivocada, pero en todo caso noble, sobre el verdadero fondo psicológico del poeta.

¡Ríase usted, amado Pijoán, ríase usted a sus anchas desde ese refugio trasatlántico que se creó al huir de aquí! Pero la risa a mí se me hace, en este caso, un poco más difícil, a pesar de que suelo reírme también cuanto puedo. Porque si las palabras que yo revelé no podían citarse entre nosotros, como algunos sostienen, con ser tan hondas y tan puras, entonces hemos de renunciar para siempre a conocer a fondo a nuestros grandes hombres. Habremos de contentarnos con tener de ellos unos magníficos clisés de fotógrafo oficial, *patenté* y con medallas del mérito académico, unas imágenes estereotipadas de una vez para siempre, como las de los diccionarios enciclopédicos, y unos bustos de yeso, con corona de laurel artificial y clámide de purpurina, propias para certámenes escolares. Pero no soñemos en formarnos de esas figuras excelsas una idea entrañable, una visión palpitante, una evocación inteligente.

Los que se escandalizaron de palabras de Maragall, por mí aportadas a su alta memoria, se escandalizaron, sencillamente, porque no las comprendieron. Hay mucha gente que no sabe leer, aunque sepa deletrear y hasta escribir. Leer es, por excelencia, ir al espíritu, no a la letra de las palabras. Y las famosas de Maragall, para ser entendidas, no hay que proyectarlas hacia fuera, alrededor del poeta, ni entre las personas más allegadas a él, pues esa es una interpretación propia de comadres de barrio. Hay que hacer todo lo contrario: enfocarlas hacia dentro, hacia lo más recóndito del alma que las dejó escapar involuntariamente. Hay que remontar hasta la pureza inmaculada del manantial, y no descender a la plazuela pública, donde el agua más cristalina se enturbia en seguida.

Si los escandalizados lo hubiesen hecho así, quizás entonces se habrían apercibido de que lo dicho por Maragall en el Institut, como lo escrito a Soler y Miquel, que usted, mi añorado Pijoán, nos declara en su libro, no eran ni remotamente reacciones *centrífugas* contra afectos entrañables ni personas amadísimas, sino reacciones *centrípetas*, casi puros estremecimientos del alma, vibraciones de esas que se producen en lo más secreto, en el *sancta sanctorum* de la personalidad, en la raíz más profunda del yo, en aquel último rincón o repliegue de nosotros mismos —tanto más inaccesible a los demás cuanto más grande es el hombre— que todos llevamos dentro, incluso los temperamentos más efusivos y cordiales ,y en donde reside nuestra esencia espiritual, lo intransferible, aquello que, ni aun queriendo, podemos dar nunca a nadie, ni padre ni madre ni esposa ni hijos ni amante ni amigo. En eso está, precisamente, el misterio del hombre. De ahí el valor excepcional de toda emanación, por ligera que sea, procedente de ese antro incognoscible; de ahí la fascinación que nos produce —si no somos ciegos o no tenemos telarañas en los ojos— cualquier rayo de luz que se escape de ese sagrario impenetrable, aunque sólo sea por una rendija.

Dar a las manifestaciones de esta clase, como la de Maragall, una interpretación vejatoria para cualquier persona o cosa, o un sentido que implique una rectificación, una contradicción o un arrepentimiento inexistentes, es tan insensato como lo sería el creyente en la divinidad del Cristo que interpretase el más trágico de esos relámpagos brotados del fondo del alma, aquel amargo y sublime grito dado en el Gólgota: «¡Padre! ¡Padre! ¿Por qué me has abandonado?», como una rectificación de la vida evangélica, una censura contra la Providencia y un desfallecimiento de la naturaleza divina. Esas emanaciones abisales no cambian nada: sólo lo iluminan maravillosamente todo, y por lo tanto lo realzan. Maragall, sin el doble fondo que yo le atribuyo, me parece inexplicable. Es demasiado simple la imagen al cromo que de él se da generalmente. En cambio, a los destellos fugaces de su volcán interior, la humanidad del poeta se me agranda de un modo extraordinario y me obliga a admirar más todavía el cúmulo de cualidades y circunstancias dichosas que compusieron su amada figura...

Realmente —porque me parece ver que usted, mi querido Pijoán, vuelve a sonreírse ante mi seriedad—, es bastante vergonzosa para nuestro ambiente cultural esta necesidad en que me veo de tener que explicar a gentes que pasan por cultas unas palabras tan claras. Palabras, además, que, en forma y ocasión distintas, aunque con la misma substancia, han sido también dichas, incluso dichas admirablemente, por otro gran poeta catalán, José Carner, cuando nos habla de la trágica imposibilidad de salir de nosotros mismos (y cito de memoria):

[...] la consciència amarga
clarivident d ésser tots sols en nostra
vida penible, baldament suara
haguem deixat nostres amics o bleixi
fiadament una muller devora
la nostra inquietud sense parpelles.

Esta soledad irremediable, suprema, incluso en los instantes de la más pura y entrañable efusión, incluso al lado de la esposa, como dice Carner, incluso en brazos de la amada, como también ha dicho nuestro primer lírico del amor humano, Salvador Albert: eso, y nada más que eso, dijo y quiso decir Maragall al comentar la noche de bodas, *la*, en abstracto, sin sombra de las estúpidas alusiones que la necedad, la miopía y la mala fe han creído descubrir en sus palabras, o en mi propósito al publicarlas. Eso es lo que dijo Maragall, y ya fue bastante para descubrir a los inteligentes que su inmarcesible optimismo ante la vida no era, ni mucho menos, inconsciencia pueril o embabiecamiento, sino puro heroísmo.

Mas ahora advierto, mi admirado Pijoán, que, en vez de arreglar las cosas, las estropeo más todavía. Pues la beoda que me ha acusado de calumniar a Maragall, ahora podrá decir, a su manera, que acabo de hacer lo mismo con otros dos poetas ilustres, también casados y con hijos, Albert y Carner, con la agravante de que ambos viven. ¡Buena la hemos hecho! (Y aquí sí que nos echaremos a reír los dos, usted y yo, tan fuerte, tan recio, que podamos oírnos a pesar de haber el Atlántico de por medio).

Adiós, querido y lejano amigo. Sigamos amando a Maragall, a *nuestro* Maragall vivo, no a los convencionalismos agazapados a su augusta sombra. Mándenos usted muchos libros como el último que acaba de darnos, porque aquí abundan mucho los soporíferos y faltan los que despiertan. Y no le digo a usted que regrese, porque habría inminente peligro de volver a perderle a usted, ya que, en el orden del espíritu, todo sigue, como acabamos de comprobar ahora, poco más o menos lo mismo que antes.

Miquel dels Sants Oliver*

En la velada que el Teatre dels Poetes celebró ayer en el Ateneo Barcelonés en homenaje al que fue director de LA VANGUARDIA, *el eximio escritor y maestro de periodistas Miguel de los Santos Oliver, leyóse en catalán el siguiente trabajo, que reproducimos traducido:*

Todos los que ya somos un poco viejos en esta casa recordaremos siempre con añoranza la inolvidable figura de Miguel de los Santos Oliver. Fue su secretario durante muchos años y la presidió hacia los últimos de su vida. Era un sedentario empedernido, que sólo se movía gustoso para ir de su casa a la biblioteca y de la biblioteca a su casa. Y como aquí las tenía reunidas ambas, como quien dice una en cada bolsillo —ya que se alojaba en el mismo Ateneo, en calidad de primer funcionario suyo—, la figura de Oliver, amable e imponente, vagó mucho tiempo por este edificio, que a él le recordaba un poco las viejas casas señoriales de Mallorca.

Muy de mañana, ya estaba trabajando junto a su amplia mesa cargada de libros. La estancia de la secretaría, de paredes desnudas y baja de techo, era silenciosa como una celda. Y el maestro Oliver —con su cabeza rapada como por la tonsura, las barbas abundantes, su corpulencia enorme y su abdomen monacal— parecía un abad de otros tiempos, digno de Poblet y de Valldemossa: un

* «Pláticas literarias. Un laico monacal», *La Vanguardia*, 20-IV-1928 y 27-IV-1928.

docto fraile de a mediados del siglo XVIII, erudito y poeta, gran señor y liberal, apasionado por el estudio y amigo de la conversación y de la buena mesa.

A ciertas horas al comenzar la mañana, cuando los socios llegados al Ateneo eran todavía muy escasos, todo el caserón —con su patio de entrada recién barrido, la biblioteca desierta y el jardín solitario, donde las ranas croaban a los primeros rayos del sol— tomaba un aire de convento aún adormecido. El más despierto era el abad, que ya pedía libros. Y los bibliotecarios, que le llevaban con diligencia el Laborde o el Piferrer, Taine y Renán, Menéndez Pelayo y Macaulay, o los más venerables tomos del *Brusi*, eran como frailes legos, henchidos de obediencia solícita.

El ruido mundanal en vano se esforzaba en perturbar el estudioso silencio de esta casa. Muy a menudo, en la callejuela contigua, una murga ambulante, parándose bajo la ventana misma de la secretaría, estallaba de pronto, como una blasfemia, con las musiquillas plebeyas entonces de moda, los tangos y machichas que se retorcían en el aire, por calles y plazas. Oyendo aquellos trémolos de clarinete o el ritmo casi obsceno del contrabajo, yo no aseguraría que alguno de los jóvenes legos, mientras andaba cargado de libros, no experimentase la tentación de insinuar un lánguido movimiento de cintura o una expresiva ondulación con las piernas. Pero no era más que la tentación pura. La sola presencia del abad bastaba para ahuyentar al Maligno. La escandalosa murga acababa por extenuarse siempre, y la santa labor continuaba imperturbablemente.

•

En ese aspecto monacal de Oliver está la clave de su vida y de su obra literaria. Fue muchas cosas y sobresalió en todas: gran periodista, el primero de la España conservadora de su tiempo; doctrinario político de honradez absoluta y convicción ardiente; historiador, crítico, ensayista, costumbrista, poeta. Pero lo que él fue principalmente, en el fondo, es un hombre de paz y de biblioteca, un melancólico incurable, un adorador del pasado, mucho más apto para vivir

—imaginándola y recreándola en sueños— la vida ya vivida que para complacerse en la vida presente, en la que hierve ante nuestros ojos y nos sumerge por todas partes al despertar cada día. La actualidad le repugnaba profundamente. Era del todo escéptico en cuanto al porvenir. Su interés y su amor los concentraba, de una manera apasionada, en eso que el maravilloso Marcel Proust ha llamado, con una fuerza mágica, *la recherche du temps perdu*.

Oliver no habría querido tener que hacer en este mundo otra cosa que leer mucho y escribir un poco, todo muy despacio:

Allá, en l' inmensa llibreria
Del vell palau ple de tristor,

como dice él mismo en sus *Hores provincials*. Eso habría querido poder hacerlo, naturalmente, sin moverse de su amada Mallorca —pues era un insular irreductible que fuera de su isla sufrió siempre de una secreta añoranza—, sin tener que abandonar a sus mejores amigos de la juventud, los paseos calmosos, a paso de canónigo, las discusiones estimulantes y desinteresadas, las horas de estudio inagotables, encerrado en la biblioteca señorial,

mirant segells de cera i antigues armadures
i mapes que serviren a navegants obscurs,
i cançoners d'esplèndides cromades miniatures
que traca i colors tenen brillants encar i purs.

El supremo anhelo de Oliver contrariado casi siempre, y especialmente desde que vino a residir en Barcelona, hacia los cuarenta años, está expresado en los dos primeros versos de aquella poesía suya titulada *Piferrer* (1841), que dicen así:

Creieu que és una cosa que encanta
fullejar llibres de l'any quaranta...

Él añadía que en esa delicia era capaz «de pasarse una noche entera». No: se habría pasado así toda la vida. Sus horas mejores fueron las que empleó de esta suerte. Y lo mejor de su obra resultó ser fruto de ellas.

Hay —si lo habéis observado— dos clases esenciales de mallorquines. Unos, que parecen descendientes de una raza de aventureros, navegantes y piratas. Donde se meten, se abren paso, sin falta. Y hay otros que diríase proceden de otra raza por completo distinta, blanda y pacífica, casi monacal. Estos lo estropean todo en cuanto salen de su casa. Oliver fue uno de los más ilustres entre los mallorquines de raza monacal.

•

¿Fue poeta, Oliver? Él mismo, que tenía un sentido tan justo de los valores literarios, empezando por el suyo propio, parece dudarlo. En una de sus mejores poesías, titulada *Tedi*, dice que sus cantos son

... càntics de poeta sense immortalitat.

En la modestísima y un tanto irónica *Confidència*, previa de su tomo de *Poesies*, ruega al lector que no le tome por un pretendiente ambicioso, por un poeta puro. Él mismo se acusa de diletantismo. Mis composiciones —dice— «a lo sumo pueden ser obra de un escritor que ha tenido y aprovechado diversos momentos de poesía». «No soy, por desgracia —ha indicado ya un poco antes— de los que pudieron convertir semejante excelencia (la de ser poeta) en fundamento de su personalidad». Pero Juan Alcover, que le conocía y le quería tanto, afirma de Oliver que «no era sólo un diletante, como él mismo se llama, sino un poeta legítimo; y si bien en sus excursiones por el reino de la belleza poética no solía pasar de las laderas, en las que se sentaba dulcemente, le sobraban fuerzas para elevarse a las cumbres».

¿Cuál de los dos tiene razón: Oliver o Alcover? Yo creo que la tienen ambos, pero también que los dos exageran un poco, el uno por modestia excesiva y el otro por generosa amistad. Oliver era más que un diletante. Era, como dice Alcover, un verdadero poeta. Mas tampoco está en lo justo al afirmar que tuviese fuerzas de sobras para remontarse como los más grandes. No: era bastante más que un amigo de la poesía, y menos que un poeta excelso. Digamos el término exacto: era, plenamente, un poeta menor.

•

La poesía de Oliver nunca fue una poesía directa, brotando de un manantial de naturaleza humana. Era y es —con lo que venimos a dar, precisamente, en su característica más personal— una poesía refleja. Oliver fue un erudito e historiador innato por encima de todo, aunque tampoco los azares de la vida le permitieron manifestar con plenitud completa su fondo capital. Y esa corriente densa y sabia, compuesta de lecturas, reminiscencias, evocaciones pretéritas y meditaciones documentales, de archivo y de biblioteca, que fluía diariamente en su interior, de cuando en cuando depositaba en el fondo de su espíritu un finísimo sedimento de arenillas auríferas. Esta arena preciosa, después de pasada por la criba de una sensibilidad refinada, era su poesía.

En el único tomo de versos publicado por Oliver encontraréis barajadas materias diversas. Hay allí un elemento circunstancial: poesías sensiblemente floralescas y arromanzadas; improvisaciones, *scherzos,* ensayos retóricos, notas de color, etc. Este es el fondo abigarrado donde se recogen toda clase de migas. Hay también, más arriba, aquel magnífico fragmento de poema, *Jaume el navegant*, en el que la épica popular, el romanticismo pintoresco, la erudición arqueológica y la llama patriótica forman una mixtura muy personal y exquisita. Después aparece otro elemento harto interesante: algunas composiciones, ceñidas y sobrias, que destacan con un simbolismo áspero y estoico, a la manera de Alfredo de Vigny (a quien tanto admiraba Oliver), como, por ejemplo, *A un voltor engabiat a Miramar* y *El forner*, o con esdrújulas resonancias breves, a la manera de Manzoni, como *Dijous Sant*. Más arriba todavía se encuentran los *Medallons musicals*, tan conocidos y alabados, pero que a mí me parecen forjados, quizás excesivamente en frío, a innumerables y minuciosos golpecitos y con una materia sacada de una mina de tópicos literarios. Y, finalmente, flotando por encima de todo, hay aquellas siete u ocho poesías que valen por el libro entero y confieren a su autor una personalidad definitiva: aquellas pequeñas obras maestras de lo que podría llamarse «la poesía de la emoción arqueológica». Aquí hay, realmente, un poeta: un poeta que sólo puede llamarse Oliver.

•

Su singular emoción, siempre vuelta hacia atrás, es no solamente histórica, sino también psicológica. Hay una arqueología del tiempo y otra del corazón. Oliver sentía las dos, profundamente.

Casi siempre canta el pasado, pocas veces el presente, nunca el porvenir. Sabe ver y conoce mucho mejor lo que fue que lo existente en la actualidad y lo que será algún día. Evoca los fantasmas históricos, asomándose al borde de sus tumbas, con más facilidad que si llamase a un amigo íntimo a la puerta de su casa. Y lo curioso es que, si en vez de mirar lejos y hacia atrás, Oliver mira cerca y hacia dentro, al interior de sí mismo, aquel singular fenómeno de la emoción arqueológica vuelve a repetirse. Lo que también le interesa más en su propia alma son los espectros de las ilusiones perdidas y los montones de ruinas. La mejor poesía de Oliver resulta ser, pues, en todos sentidos, esencia de arqueología convertida en música de palabras.

Al lado de *Julia Liberta Blanda* y *Els refugiats de l'any 1810*, esto es, de los despojos históricos, resto de realidades humanas desaparecidas para siempre, a Oliver le gusta tanto, o quizás más —como lo prueban *Tart, Eternes vacances* y *Tedi*, tres composiciones indispensables para conocerle a fondo—, cantar también los despojos psicológicos de sus secretas quimeras marchitas. Tanto si habla de figuras humanas y hechos pretéritos como de amores desvanecidos (a veces incluso antes de nacer), su poesía despide siempre, para decirlo con palabras del poeta mismo:

una olor de bé perdut
en les hores del passat,

y exhala un vago aroma de polvo y ceniza, como de *città morta.*

Por esto a Oliver le agradan tanto las viejas y pequeñas ciudades provinciales, donde parece como si todo cuanto debía pasar en ellas ya pasó hace siglos. Y por esto también, cuando el poeta templa y afina sus dos cuerdas capitales —la de la arqueología histórica y la de la arqueología psicológica—, y las hace vibrar las dos a un tiempo, acordando la melancolía de los siglos con la del corazón y marcando el ritmo con aquellos consonantes tan suyos, difíciles, eruditos y exóticos —tales como *alberg* y *Koenisberg, salteri* y *Guarneri, remou* y *Harlowe, vaporosa* y *Cimarosa, exhala* y *Atala, desglaç* y *Chactàs*—, entonces alcanza la plenitud armónica y la más honda expresión de su alma.

La obra maestra de Oliver en poesía es, a mi juicio, aquella *Rambla vella de Palma,* que nunca más podrá faltar en todas las buenas y completas antologías literarias de la Cataluña renacida.

•

Dentro del *instrumenta* ya complicado de nuestra poesía moderna, a Oliver le tocará desempeñar siempre una voz débil, modesta, íntima, pero exquisita: una sonoridad de música de cámara. Seguramente es la que le corresponde y la que él mismo, de poder hacerlo, se habría designado entre todas las demás, con su discreción de gran tono.

¿Cómo clasificar una voz tan personal? Por debajo de los grandes orquestadores y polifonistas y a la sombra de los mejores virtuosos, la poesía de Oliver quedará como un fino y apagado son de clavicordio, el instrumento predilecto del gran siglo que él amaba tanto. Será como el eco de un clavicordio exactamente igual a ese que él mismo cantaba, diciendo:

Aromes esbravats el moble exhala
com d'ambre i de clavell;
els records volategen per la sala
i les visions retornen del temps vell.

Pompeu Fabra[*]

Cuando pienso en la obra de ingeniería lingüística realizada en Cataluña por Pompeyo Fabra, me acuerdo de los incontables riachuelos que todavía surcan anárquicamente nuestras diversas comarcas. No tienen caudal definido ni cauce ordenado. Carecen de puentes, vados, embalses y márgenes que les den la categoría de grandes vías fluviales. Son corrientes rústicas y desaliñadas, a menudo salvajes. Y todas acarrean, en definitiva, mucho más polvo que agua.

En Cataluña, hasta hace muy poco tiempo, a cada riachuelo correspondía un dialecto literario. Nadie podía designar —y aún hoy resultaría muy difícil hacerlo— cuál es la lengua común de los mejores espíritus catalanes. A pesar de existir tantos regatos comarcales, parecía imposible hacerlos converger y reunirlos en un cauce único, formando con la suma de los riachuelos intermitentes un solo, amplio, continuo y caudaloso río. Pompeyo Fabra es el hombre excepcional que ha ejecutado las obras necesarias a esa empresa admirable. No está terminada, ni mucho menos, pero sus fundamentos parecen ya consolidados. Así como el Sena, antes de entrar en París, es una corriente campesina y parca, sin brillo ni gloria, y gracias a su artificioso ayuntamiento con el Marne y el Ourcq, que llegan a engrosarlo a las puertas mismas de la capital, se convierte en uno de los más bellos e ilustres ríos del mundo; del mismo modo, Pompeyo Fabra se las ha arreglado de manera, con sus artificios gramaticales, que el idioma catalán, disperso en mil arroyos escasos, turbios y sin nombre, pueda con el tiempo aparecer como un río ideal y capitalicio, llenando por completo el cauce que le está abriendo en Barcelona la moderna cultura de Cataluña.

[*] «Pompeyo Fabra. Una revolución gramatical», *La Vanguardia*, 30-XI-1928.

•

La primera vez que vi a Pompeyo Fabra, o, por lo menos, la primera que me impresionó, fue, hace ya muchos años, a raíz del primer Congreso de la Lengua Catalana, que se celebró en Barcelona y en el Palacio de las Bellas Artes. Era una asamblea muy pintoresca, con mucha improvisación (como es infalible entre nosotros) y muchísima más retórica política que técnica filológica. Se habían congregado allí representantes de todas las tierras de habla catalana, pronunciándose a diario elocuentes y calurosos discursos en las diversas secciones. La atmósfera era entusiasta, con más fervor que precisión científica y una buena fe conmovedora. Pero en una de las salas de la planta baja del palacio, entrando a mano izquierda, ocurría algo más importante, aunque menos ruidoso. Un hombre joven, que debía oscilar entre los treinta y cinco y los cuarenta años, de estatura mediana, rostro enjuto y mirada penetrante, daba todos los días un extraño espectáculo. A las improvisaciones filológicas, a las ponencias más o menos fantásticas que componían el bagaje gramatical de la mayoría de los congresistas, oponía, con maravilloso e incansable tesón, una doctrina sólida, inflexible, coherente y personalísima; y la sustentaba con tanto vigor, multiplicando los argumentos, las demostraciones y los ejemplos, que acababa siempre por cerrar la boca a todos sus contrincantes. Era Pompeyo Fabra. Los jóvenes estudiantes de aquel tiempo lo reconocimos en seguida por nuestro capitán, con ese generoso instinto que guía a las inteligencias nuevas y desinteresadas. Había en la sala un encerado inolvidable que a nuestros ojos llegó a adquirir el prestigio de un campo de batalla y victoria. A la menor contradicción, al primor enemigo que se presentaba, Fabra se dirigía a la pizarra y, con la tiza en la mano extendida, como un jefe con el bastón de mariscal, hacía polvo la teoría adversa. Aquel nombre y aquel encerado fueron el pasmo del Congreso. Con su estrategia matemática, fulminante, y su presencia napoleónica, Fabra libró allí lo que podríamos llamar su campaña de Italia.

Algunos años más tarde, después de una larga y silenciosa ausencia de Cataluña, Pompeyo Fabra apareció de nuevo en Barcelona. Prat de la Riba le había llamado, por fin, arrancándolo de su estéril destierro en el País Vasco y de sus tareas secundarias de profesor de matemáticas para darle a dirigir la sección filológica del Institut d'Estudis Catalans, que iba navegando peligrosamente, desorientada y sin rumbo. En las sienes del nuevo y definitivo almirante ya asomaban las primaras canas. Precisamente por aquellos días se trataba de fijar las normas ortográficas que después se han hecho famosas. Las tres doctas secciones del Institut, la histórico-arqueológica, la filológica y la de ciencias (mezcla absurda, esta última, de muy diversas disciplinas), se reunieron a deliberar. Todos los académicos tenían voz y voto, pero no igual competencia. Las incongruencias que llegaron a proponerse y discutirse en materia gramatical por hombres que en este ramo carecían de la preparación necesaria son inenarrables. Mas pronto la fuerza lúcida, serena, y la aplastante superioridad de Fabra se sobrepusieron a la labor de la docta asamblea de improvisadores, como años atrás se habían impuesto a los congresistas iluminados. El debate académico del cual salió la primera versión de las famosas normas ortográficas revolucionarias se resolvió a la postre con la consagración imperial de Fabra. Si aquello había sido su Marengo, esto fue su Austerlitz.

Sin embargo, estas comparaciones guerreras no son bien exactas, entre otras razones, porque pueden inducir a un juicio equivocado sobre la manera como Fabra consiguió vencer. Ha venido circulando, en efecto, una falsa leyenda en torno a la figura del gran reformador del idioma catalán en nuestros tiempos. La idea que de Fabra tienen muchos de sus enemigos, y hasta el vulgo de sus admiradores, es de una especie de dictador o tirano que, empleando la fuerza (una fuerza en verdad misteriosa), ha cortado por lo sano y ha hecho lo que le dio la real gana con la morfología, la sintaxis, la prosodia, la ortografía y hasta con el mismo léxico de nuestro idioma. Fabra es un espíritu que actúa incansablemente, pero siempre de una manera precisa y recatada, sin aparatosidades populacheras ni reclamos personales. Es un hombre sobrio y honestísimo.

Su influencia se deja sentir continuamente, pero a él, a su persona, no se le ve casi nunca. Y a esta suerte de espíritus eficaces y un tanto herméticos, fácilmente se les envuelve en una nube mitológica. Pero lo cierto es que, en el fondo, la intervención decisiva de Fabra no puede ser más pura, ni más legítimos y claros sus medios. Esa fuerza de que dispone, y que ha podido parecer misteriosa, no es ni más ni menos que el fruto directo de su indiscutible e insuperada competencia. No es que haya forzado nada: lo ha conquistado todo palmo a palmo, desde su reconocida superioridad en materia filológica entre los hombres cultos hasta la adhesión de las jóvenes generaciones literarias y el general acatamiento popular. Si el prestigio de Fabra tiene algo de napoleónico, en todo caso, lo ha adquirido como Napoleón: ganándolo en campo abierto y con su propio esfuerzo.

•

¿Qué diremos de su obra? Es una de las más extraordinarias revoluciones gramaticales que jamás se hayan visto. Una reforma semejante —la instauración de un orden nuevo sobre un viejo desorden— sólo era posible, como el régimen que en Francia suplantó al *ancien régime*, en el seno de un idioma y una literatura, como los de Cataluña, envilecidos tras una espantosa anarquía. Una empresa como la llevada a cabo por Fabra no habría tenido éxito ni ocasión en una lengua y una cultura normales. La anormalidad es la palanca propicia a los grandes saltos y las renovaciones audaces. De unos y otros hay memorables muestras en la obra del revolucionario gramático catalán. Examinándola en detalle a lo largo de su trayectoria no agotada todavía encontraríamos, sin duda alguna, pasos en falso, vacilaciones, tentativas frustradas, atrevimientos extraordinarios e incluso equivocaciones. Son los inevitables extravíos del explorador que se va abriendo paso por caminos nuevos. Pero lo esencial es el conjunto de esa admirable y tenaz aventura. Es posible que Fabra haya errado más de una vez y que sus contradictores tuviesen razón en determinados reparos. Mas nadie, ni remotamente, ha acertado tanto como él, y ninguna doctrina puede compararse, en cuanto a solidez, constructividad y eficacia, a la suya. El tiempo irá poniendo los retoques. Fabra ha puesto ya los sillares fundamentales y ha ordenado las líneas del nuevo edificio. Cuando desaparezcan por completo los andamiajes y la polvareda, Fabra, el gran constructor, permanecerá siempre como el más audaz y necesario de los arquitecticos idiomáticos de la Cataluña renacida.

•

Tan admirable como su obra es la vida de Fabra. Vida escasa en historia externa, pero rica de energía interior. En nuestros tiempos de arribismo desenfrenado, cuando todo el mundo parece servir para todo y se improvisan o fingen las competencias más arduas ante el público bobalicón mediante las mismas prácticas de ilusionismo que en los bazares emplean para atraer y embabiecar a los niños, con globos de colores hinchados hasta reventar, pero que estallan al menor pinchazo, Fabra ha sido y sigue siendo un ejemplo de continencia y austeridad. No se perdió del todo la semilla de los catalanes parcos, castizos, de esos grandes varones del siglo XIX, como Milá y Fontanals, Pi y Margall y tantos otros, cuya apariencia era exacta y honestamente igual a su conciencia: verdaderos demócratas del espíritu, hijos exclusivos de sus propias obras. Fabra es uno de ellos. Nunca medró, ni aparentó, ni trepó, ni enredó, como suele ocurrir con harta frecuencia entre nosotros, incluso en las esferas intelectuales. Ha vivido siempre con modestia, a veces con estrechez. Sin embargo, sus hombros no han sentido ninguna pesadumbre accesoria, porque ya andaban cargados con el peso capital de su obra.

El homenaje que se proyecta dedicarle es justo. Todos los escritores catalanes nos honraremos contribuyendo a él. Es una suerte inapreciable la de haber podido asistir al desarrollo de la obra de este gran maestro y beneficiarse de sus enseñanzas. Y una de las delicias más íntimas de mi vida será siempre la de haber podido gozar de su amistad.

Josep Carner*

Hace bastantes años, siendo yo mozalbete, Cristóbal Fraginals —una de esas amables figuras del catalanismo romántico, que ya se van perdiendo para siempre— me dirigió en cierta ocasión una pregunta que me dejó atontado. Fraginals, que era paisano de mis padres y mío, ejercía vagamente en Barcelona, con serena indolencia, la carrera de médico. A su cuidado corrieron todos los sarampiones y dengues que soplaban en mi casa, periódicamente, durante mi infancia. Era para nosotros un amigo adusto, pero fiel y seguro, más bien que un doctor. Charlaba muy poco de nuestras dolencias y mucho de cosas varias y ajenas a aquellas. Él fue, quizás, el primero que en mi casa dejó de mofarse y que hasta alentó muy discretamente mi tímido amor a las letras. Y con este propósito, sin duda alguna, un día en que vino a tomarme en silencio el pulso y examinarme torvamente la lengua —cuando contaba yo de catorce a quince años y acababa de escribir no sé qué desdichado noveloide que tuvo la desgracia de sacar un premio en una lotería literaria—, Fraginals, en vez de dirigirme, reloj en mano y mirándome de hito en hito, las consabidas preguntas de cabecera: «¿Conoces tú —me interrogó de pronto— a ese chico que se llama José Carner?».

Yo creo que la lengua se me volvió al instante hacia dentro y que debí mordérmela en secreto. Porque, en efecto, yo conocía a José Carner. Pero ¿cómo confesarlo en presencia de mis padres? Carner era, por aquellos días, el jovenzuelo más estrambótico que paseaba por los claustros universitarios. Llevaba unas melenas grasientas, un sombrero «de artista» y una chelina azul; usaba botas amarillas, calcetines violeta, pantalón a cuadros blancos y negros, chaleco verde y americana marrón; fumaba en pipa, blandía una suerte de cayado, llevaba un

* «Pláticas literarias. El don del idioma. José Carner», *La Vanguardia*, 24-X-1924.

eterno paquete de libros bajo el sobaco izquierdo, tenía el rostro mofletudo e ingenuamente descarado, como la luna llena, y andaba todo de una pieza, rígido, envarado, cohibido por una timidez instintiva e invencible que le hacía enrojecer a cada paso sin motivo aparente y le obligaba, por vía de reacción, a mostrarse insolente con todo el mundo.

Le seguía, además, una espantosa caterva de poetas y poetillos, admiradores y secuaces suyos. Esa turba, en el fondo excelente, era, sin embargo, lo más incivil e ineducado que pueda soñarse. A su paso por el Ateneo Barcelonés —que entonces acababa de trasladarse a la calle de la Canuda—, desaparecían las cuartillas y plumas de escribir, las toallas del lavabo, el jabón en polvo, los periódicos y revistas del día; y los salones donde suelen reunirse las pacíficas peñas quedaban convertidos en campos de Agramante, con los sillones tumbados por los suelos y los cojines colgando de los cuadros o de la cornisa del techo. Tanto fue el estropicio y el asolamiento que el pacientísimo maestro Oliver, tan sosegado y benévolo, entonces secretario del Ateneo, se vio obligado a decretar una expulsión en masa. Pero la alegre turba continuó sus fechorías por esos mundos de Dios, por el Paseo de Gracia a la hora del sol mañanero, por calles y plazas o en el seno de algunas reuniones cursis, donde los asaltantes, en nombre de la poesía, tomaban el pelo bárbaramente a media humanidad.

Como yo sabía de sobra todo esto, no acertaba a contestar a Fraginals, porque mis padres me estaban mirando. Pero él mismo me sacó de apuros. Y sin aguardar a que le contestase (como tan a menudo suelen hacer las personas mayores cuando hablan con mozos y chicos), me dijo de Carner: «Pues te aconsejo que lo leas». Y añadió estas pocas palabras definitivas que jamás he podido olvidar: «Es un chico que tiene el don del idioma».

Han pasado más de veinte años. Fraginals ha muerto. La vida ha dado a José Carner algunas de esas vueltas que son decisivas. Se casó, fue padre de familia, debió hacerse funcionario del Estado español; ha viajado, ha madurado, se ha sosegado lentamente. El otro día publicaba en *La Veu de Catalunya* una bellísima, una admirable poesía despidiéndose de la juventud. Ya no queda en él ni rastro de la bohemia poética y estudiantil de un día. Más bien, diríase que actualmente tiende, aspira a ingresar en esa burguesía que tiene algunos ribetes señoriles y frecuentaciones un tanto aristocráticas. Pero ahora, como antes, en plena madurez, lo mismo que en sus comienzos, con su uniforme consular igual que bajo su disfraz de poeta, Carner sigue siendo como lo definió el excelente doctor Fraginals: un chico (ahora diría un hombre) «que tiene el don del idioma».

Leed su último libro, *La inútil ofrena*, en el que están recogidas y retocadas sus mejores poesías amatorias. Para los oídos catalanes, esa lectura es una pura delicia, una incomparable sinfonía de sonidos variados, acordes, perfectos, insospechados muchas veces, y para los ojos del espíritu es un juego de luces y formas, de matices y tonos que dejan realmente asombrado. Parece mentira que el catalán moderno haya podido ya alcanzar un grado de agilidad semejante. Para comprender la magnitud del prodigio, basta recordar cómo encontró Carner el idioma nativo al recibirlo de manos de sus predecesores. A pesar de las generaciones poéticas que lo habían elaborado sin descanso, desde el Renacimiento, durante mucho tiempo el catalán literario fue una lengua a medio desbastar todavía, áspera al delicado tacto de las musas urbanas, como una tosca flauta pastoril, sólo apta para las sencillas melodías del romance patriótico, la égloga, el idilio geórgico y la tonadilla religiosa propia de las romerías. Verdaguer fue el genial restaurador de ese instrumento delicioso y simple que yacía sepultado en el fondo de nuestras comarcas. Maragall abrió en él algunos agujeros más, alcanzó nuevos sonidos y trazó nuevas pautas para llegar a obtenerlos. Costa y Llobera y Juan Alcover, los dos excelsos mallorquines, alargaron todavía más esa flauta, la sutilizaron, le dieron una definitiva elegancia y arrancaron de ella acentos clásicos, dignos de Grecia y Roma, o patéticos y sublimes lamentos de dolor humano. Entonces vino Carner y, al caer en sus manos, en muy pocos años, la antigua flauta pastoril se ha convertido en un instrumento que hoy puede figurar en las mejores orquestas y los grandes conciertos internacionales. El catalán, pulsado por los dedos de Carner y al soplo de su aliento, no es como un caramillo de pastor; es ya —y que se me perdone la comparación— una verdadera flauta de Boehm, de ocho llaves, capaz de interpretar todos los solos y gorjeos escolásticos de *Il Barbieri* o *Dinorah* y todas las complicaciones armónicas de Strawinsky y de Ricardo Strauss. Carner (y en prosa lo mismo que en verso) maneja el catalán como le da la gana y le obliga a decir —con una naturalidad perfecta, mediante arcaísmos insensibles, giros inagotables y neologismos deliciosos, mágicos— lo que le da la gana.

Y ¿qué dice Carner? ¡Ah, eso es ya otra cosa! La fluidez verbal del poeta, sus imágenes y tonalidades, los sorprendentes sonidos que arranca de su instrumento, casi siempre os encantan hasta el punto de que ni os acordáis siquiera de fijaros en la música misma. Os ocurre lo que al hablar con ciertas mujeres hermosas: vuestra mirada oscila fascinada entre sus ojos y sus labios, y vuestro oído se adormece al rumor de su voz, sin que podáis daros cuenta exacta de lo que la bella os dice ni de su importancia. Mas, si acaso a esa sirena que es la poesía de Carner llegáis a examinarla atenta y fríamente, os daréis fácil cuenta de la desproporción enorme que existe entre su riqueza exterior y su contenido, entre su forma y su fondo. Muy pocas veces Carner dice algo original, palpitante de humanidad, algo doloroso y viviente en que aparezca al desnudo como un girón de su alma. La ejecución de sus poesías es deliciosa, los detalles son personalísimos, pero el tema es generalmente trivial, sobado, un tópico, un lugar común a todas las literaturas de todos los tiempos. En *La inútil ofrena*, esta doble característica, la riqueza formal y la pobreza del fondo, destaca perfectamente. Carner nos canta sus devaneos amorosos. Y en seguida advertimos que ellos, en sí mismos, no nos importan nada, no tienen ningún valor humano ni representativo. Lo que nos fascina, únicamente, es la forma de esas canciones, y tenemos la seguridad de que nos fascinarían igualmente si dijesen todo lo contrario de lo que dicen ahora. En toda la obra carneriana ocurre lo mismo. Ese incomparable artífice del idioma, de cuando en cuando lo emplea para decir algo profundo, como por casualidad, de idéntica manera que los poetas opuestos a él, es decir, los cargados de fondo y carentes de forma, también de cuando en cuando aciertan, como al azar, con una expresión feliz, ingeniosa o elegante. Pero, por lo común, en Carner, el pensamiento, el dolor, la elevación y gravedad de lo más vivo y entrañable están ausentes.

No es de extrañar. Todos los grandes problemas de la vida parecen resueltos para el poeta. Su espíritu no ha sido presa de graves conflictos. Una fe robusta en muchas cosas inquietantes e inciertas le ha eximido hasta ahora de tener que meditar y torturarse sobre ellas. Su peculiar ironía instintiva —que es el arma con que por anticipado se defiende la timidez congenital del poeta, y al mismo tiempo es también un matiz, una variante culta de esa poquedad de su raza que se traduce en nuestra socarronería popular, tan poco heroica, tan sesuda, tan catalana, tan barcelonesa, sobre todo, tan menestral por excelencia— le ha librado de muchos quebraderos de cabeza y, en especial, del corazón. La vida, por otra parte, y sus grandes tempestades sentimentales no es evidente que le hayan zarandeado mucho. En una palabra: yo me atrevería a afirmar que lo único que Carner se ha tomado verdaderamente en serio, con toda el alma, con amor loco, con pasión indomable, ha sido el idioma catalán. Y esa pasión profunda, ese amor, fueron bien recompensados y correspondidos: su amada se le entregó plenamente y hoy Carner es el mago de la lengua catalana.

¿Por qué pedirle más?... Yo lo hice hace tiempo desde estas mismas columnas. Pero me voy convenciendo de que muchas veces es imposible completar los dones de la naturaleza y de que a Carner y a todos los catalanes debe bastarnos por ahora su prodigiosa habilidad verbal, el don que nuestras hadas pusieron sobre sus labios de niño. Al fin y al cabo, Carner tiene también un fondo a su manera. No es un contenido elevado, lírico, subjetivo y personal; es más bien un fondo épico-irónico, rastrero, objetivo y local. A través de su forma incomparable, los versos de Carner dejan transparentar un microcosmos único, que es el pequeño mundo original, el núcleo de donde han salido casi todas las realidades y esperanzas de la Cataluña moderna: la menestralía barcelonesa. Esos paisajes raquíticos, esos sustantivos, adjetivos y diminutivos adorablemente sórdidos que a cada paso asoman en la poesía de Carner o marcan con un sello inconfundible sus versos; esas montañas, esas estrellas, esos grillos «dosificados»;

esas nubecillas modestas, esos árboles esmirriados, esos regatos, esos reverberos torcidos, esas acacias tristes, esas calles que sólo pueden ser de San Gervasio o de la Bonanova, esas torres donde los idilios juveniles por fuerza han de ocurrir a espaldas y a escondidas del *senyor* Esteve; ese sabor especial, a Barcelona pura, que tiene todo lo de Carner, incluso lo más abstracto y lo más lejano en apariencia, constituyen su verdadero fondo, el lecho por el cual transcurren las frescas y limpias aguas de su poesía.

Carner es, en cierto modo, el La Fontaine catalán. La poesía de ambos, eminentemente racial, está, como el valor de las trufas, más en el aroma que en la substancia misma. A los no catalanes, como ocurre también con La Fontaine a los no franceses, ha de serles muy difícil gustar la poesía de Carner y comprender por qué a nosotros nos gusta tanto. Y es que el secreto de ese gran poeta, que entre nosotros recibió más que nadie lo que Cristóbal Fraginals llamaba «el don del idioma», no está en lo que dice, sino en cómo lo dice.

PLÁTICAS ARTÍSTICAS

Bartolomé Esteban Murillo*

Conocí directamente a Murillo, por primera vez, en París y a principios de siglo. Y aunque el Museo del Louvre no es un lugar muy propicio para trabar la amistad con el gran pintor sevillano, aquella singular tela suya llamada *El Piojoso*, que tanto y tan bruscamente sorprende a quien se topa con ella, me obligó a tenderle en seguida la mano. El trazo sobrio, la fatalista llaneza —que parece decir al espectador «¡Qué le vamos a hacer si es así!»— con que la figura está puesta y aquella atmósfera de sol hepático, como de muro de santo hospital, que la envuelve, me compensaron plenamente de tanta estampita de Murillo esparcida por esos mundos de Dios.

En 1909 —para mí, año de copioso aprendizaje—, mientras cursaba en Madrid asignaturas absurdas, a menudo huía de ellas, refugiándome las claras mañanas de invierno en el Museo del Prado. ¡Qué solitarias lecciones con los grandes, con mis verdaderos maestros! Pero allí Murillo me decepcionó. La selección de sus obras se hallaba entonces en una sala de honor, al extremo de la principal galería. Poco a poco dejé de visitarla. Ni los famosos pordioseros de la *Santa Isabel de Hungría*, ni la innegable ternura de *Los niños de la concha*, ni *Rebeca y Eliezer* conseguían librarme del vaho empalagoso, dulzón que se desprendía del conjunto. Y ya me iba olvidando de Murillo, cuando llegaron las vacaciones de Pascua, me fui a correr por Andalucía y en Sevilla di otro nuevo y fuerte encontronazo con su extraordinario pintor. Rectificando un poco mis aprensiones de Madrid, en el Museo Provincial, en la catedral y en el palacio de San Telmo me convencí para siempre de que Murillo nació con un manojo de pinceles en la mano. Su garbo —esta palabra es casi todo él—, su facilidad andaluza, su dominio instintivo del oficio son una maravilla.

* «Pláticas pictóricas. Murillo en el sótano», *El Sol*, 13-V-1927.

En verano del mismo año estuve en Londres. Me encontré a Murillo en la Galería Nacional y en la colección Wallace. El otoño me sorprendió en Múnich, extasiado ante los hermanos y parientes del gran *Piojoso* parisiense que están en la Pinacoteca. He visto luego otro Murillo, alguno de sus estupendos retratos, la *Virgen* del palacio Corsini y las telas del Vaticano, en Roma. Y, por fin, al cabo de unos veinte años de zozobras, un día entusiasmado con el gran pintor y otro día aburrido en su compañía, hallándome hace muy poco contemplando de nuevo, en Sevilla, la colección del Museo Provincial, no pude contenerme. Me volví hacia un culto profesor de la Universidad hispalense que estaba a mi lado, vacilé un momento, porque no tenía franqueza con él, y luego le solté al oído, con un profundo suspiro:

—¡Vamos, a mí no acaba de gustarme Murillo!

Con gran sorpresa mía, el profesor me contestó:

—A mí tampoco.

Y ahora, después del desahogo, yo por mi parte siento la viva necesidad de explicarlo.

•

Lo que me desazona ante este célebre pintor no es una falta pictórica. Es su falta de carácter. Se dejó llevar por todo el mundo, por el pequeño mundo que le rodeaba, menor por sí mismo. A lo largo de su obra hay un continuo conflicto entre lo que su retina veía y lo que le soplaban por las orejas. Y la magnífica realidad que descubría su vista excepcional, su personalidad profunda, quedaba casi siempre postergada por las visiones convencionales que le referían, de tercera o cuarta mano, en claustros y locutorios.

Da verdadera rabia imaginar lo que ese afeminado habría sido capaz de pintar de haberse hecho más hombre. No tenía grandes anhelos, ni religiosidad profunda, ni misticismo verdadero, ni odios, ni amores, infernales o celestiales. Por no tener quebraderos de cabeza, ni siquiera tenía ambición. Era un alma de pasta monjil, de mandadero de convento que, con sus colores y sus caballeros, trotaba de cofradía en cofradía, muy bonachón, seguramente graciosillo, al corriente de todos los chismes de sacristía, rodeado de beatas empalagosas y con un sincero afecto por sus humildes modelos. Pintaba los milagritos, las escenitas, los «favoresitos» del cielo, los éxtasis del santo predilecto: todo lo que pedían. A un espíritu realmente religioso han de repugnarle las famosas ternuras de Murillo, que casi siempre no son tales, sino beaterías. Entre fray Angélico y el Greco, entre esos dos polos opuestos del sentimiento religioso puro expresado en tablas y lienzos, Murillo no cabe. Es algo que cae fuera, por ser todo accesorio a la verdadera religiosidad, y además innecesario, escurridizo y banal. Es un entremés que no puede satisfacer a ningún estómago robusto. Entre el jerez y el *champagne*, vinos perfectos. Murillo es algo así como la manzanilla de la pintura religiosa.

Ahí está Zurbarán, a su lado, en el mismo museo sevillano. Es un oficial muy inferior a Murillo. No es posible ni siquiera iniciar una comparación entre sus respectivas facultades técnicas. Pero ¡cómo le domina Zurbarán a Murillo, no con los pinceles, sino con el alma! Así como delante de Murillo lo que acongoja es ver una tan soberana maestría, casi siempre tan vanamente empleada, ante Zurbarán lo que emociona es contemplar el tormento de su hondo espíritu pugnando por manifestarse a través de una técnica más bien pobre y rebelde. Pudiendo hacer lo que quisiese, muy pocas veces a Murillo se le ocurrió hacer lo que debía.

Una tela de museo hay que mirarla como si fuese un espejo en cuya luna se reflejó y quedo cuajada, según la curvatura de la personalidad del pintor, la imagen de una época desaparecida. Velázquez es una luna maravillosa, única, que no deforma en lo más mínimo. Goya es ya un espejo sorprendente, de una curvatura apasionada, obtenida a fuerza de morder con el ácido de una implacable penetración psicológica. Murillo es todo al revés, la curvatura contraria, el espejo cándido, bobalicón, que da una imagen convencional casi siempre y fue pulido con jaboncitos celestiales y crema de monjas. El aguarrás era aquí agua bendita.

•

Y lo peor ha sido que ese convencionalismo sensiblero, que nubló casi constantemente la límpida retina de Murillo, haya llegado a convertirse a través del tiempo en uno de los tópicos capitales de la sensiblería nacional. La *Asunción*, la celebérrima *Purísima Concepción* de Murillo, la más falsa y vacía de todas sus invenciones, es uno de los símbolos de lo castizo y estereotipado. Para representar cierto ideal religioso español, esa pintura es tan imprescindible como lo son, en otros órdenes, sus tópicos complementarios: el león, Numancia, Sagunto o la *Marcha de Cádiz.*

Si hoy Goya, el antípoda de Murillo, viviese entre nosotros, quizás continuaría con una nueva serie, más acerada aún, sus memorables *Caprichos*. En cambio, es de temer que Murillo, en tal caso, se dejaría llevar otra vez de la banalidad ambiente y pintaría los éxtasis de la nueva santa Teresa, la del Niño Jesús, con mucho rosicler y mucho tierno angelito, o aceptaría encargos para salones de sociedades neopatrióticas.

Sus prodigiosos dones naturales y el empleo que de ellos hizo algunas veces, quitándose las telarañas de los ojos y mirando cara a cara las cosas, me forzarían siempre a reconciliarme con él. Pero su blandura y su pereza, mentales y sentimentales, a pesar de ser tan castizas, a veces nos harán perder el humor, como ahora ha ocurrido. Y entonces encontraremos muy justo que a Murillo se le tenga, por lo menos una temporada, después del excesivo predicamento de que gozó, donde a estas horas yace interinamente. En esa especie de mazmorra penitenciaria que el pobre Goya debió sufrir tantos años: en el sótano del Museo del Prado.

Francisco de Goya*

Los centenarios de los grandes hombres hacen pensar en ese excursionismo a toda prueba que al llegar el verano propicio se desarrolla por las cercanías de las grandes cumbres. Más o menos pertrechado, más o menos tartarinesco, todo el mundo sale a escalar la enorme y rugosa altura. El monte colosal, por cuyas vertientes y grietas trepan los excursionistas, es como un Gulliver adormecido y con las extremidades laxas, insensiblemente pobladas de un hormigueo de liliputienses. Todos llevan su Kodak; todos van sacando sus fotografías. Y la solitaria cumbre les deja hacer, con su imperceptible y enigmática sonrisa de piedra.

A mí, el buen tiempo para emprender la ascensión de la mole que lleva el nombre de Goya confieso que me ha cogido de muy mal humor. Un escarpado semejante, con tanto risco y espadaña, requiere, para escalarlo bien, una libertad de movimientos que no es de estos tiempos. Por otra parte, ha salido ya tanta gente a dar traspiés y hacer piruetas por las austeras gargantas que conducen al pico de Goya que esa afluencia del centenario quita las ganas de moverse. Las grandes alturas requieren mucha soledad y el recogimiento es la primera virtud del excursionista de raza.

Mas como la fascinación de la cumbre —que es todo lo contrario del vértigo— persistiese en mí, tomé por fin la resolución de ir a hacerle también una minúscula visita y poner mi firma en el registro del centro excursionista, escondido en el punto más alto, dentro de una caja de plomo y bajo un montón de piedras. Sólo que, para evitar la muchedumbre, esta vez emprendí la ascensión por un camino nuevo, el más áspero, que nadie había seguido antes de mí.

* «Nuestro tiempo. Un Goya que nadie ha visto», *El Sol*, 19-V-1928.

No es de extrañar que me ocurriesen cosas raras. La obra del extraordinario pintor, que ya creía saberme de memoria, comenzó a aparecérseme como trasfigurada o, mejor dicho, traspuesta, trasladada de un plano a otro en el panorama del tiempo. 1828 y 1928, la fecha de la muerte de Goya y la de su primer centenario, se confundían paulatinamente en mi imaginación hasta hacerse más que semejantes: afines, casi idénticas.

Se me presentaron, mientras iba subiendo, unas escenas, unas figuras, que yo reconocía inmediatamente porque eran de Goya, pero cuya indumentaria me obligaba a dilatar los ojos, con inmenso estupor, para cerciorarme de que era la nuestra misma, la de hoy día. Y así, la inconfundible y vasta creación del gran vidente, ese mundo que tantas veces yo había contemplado con sincero fervor, pero también con esa especie de involuntario engreimiento y ese prurito de satisfacción que nos infunden las épocas remotas, cuando son negras y trágicas, si las contemplamos a distancia, convencidos de que ya fueron superadas para siempre, se me ofrecían ahora de improviso no bajo sus formas anacrónicas, sino con vestidos actuales.

Goya es muy fuerte: todos lo sabemos por haber luchado con él en las tranquilas salas de los museos. Pero ¿os hacéis cargo de lo terrible que sería Goya si se os echase encima vivo, al aire libre? Esta rara aventura es la que me ha ocurrido a mí por haberme apartado del itinerario corriente. Yo no he visto el Goya que todos conocéis. He visto, con asombro, un Goya que hasta ahora nadie había contemplado.

Comúnmente se cree que el mundo de ese gran artista está sepultado para siempre porque ya hace cien años que pictóricamente dejó de existir. Desde sus más amplias telas, como la que contiene apretujada en un rebaño humano, de una densidad psicológica sólo igualada en nuestros días por Marcel Proust, a la familia de Carlos IV, hasta su más breve y estrambótico *disparate*, las figuras goyescas parece que son inseparables del peluquín y el calzón corto, la casaca y la chaquetilla dieciochescas, las bandas y medias de seda, las mantillas de blonda, los abanicos de nácar, las calesas, los chopos del Manzanares, la torería trágica, los harapos de Celestina, el encapuchado sayal de los frailes y las mágicas escobas de la brujería. Eso ya no existe, luego Goya ha muerto. Y si no ha muerto su arte, por imperecedero, ha desaparecido, cuando menos, el mundo que le dio inspiración: ese extraño mundo en que las almas, envueltas en ropas y quincallería de época, brillan cruelmente con ojos de búho.

Pero este es un gran error del que me he dado cuenta al acercarme a Goya por vericuetos desiertos y desacostumbrados con motivo de su centenario. La guardarropía del gran vidente es lo único que ha pasado a la Historia. Mirad en torno nuestro y no encontraréis ya ni rastro de aquellas modas pasajeras. La casaca de Carlos IV se ha convertido en americana a la inglesa; el levitón, en gabardina o «trinchera»; la caja de rapé, en cigarrillo turco; la calesa, en automóvil; la mantilla, en *calotte*; la torería, en futbolería; Pepe-Hillo, en Uzcudun; las celestinas, en floristas de *dancing*. Hasta las brujas van ya en aeroplano, abandonando por anticuada la escoba. Sólo los frailes siguen siendo los frailes. En esto consiste todo el cambio. Porque en cuanto a las almas, de lo más alto a lo más bajo, viven entre nosotros infinidad de auténticas, legítimas, directas descendencias goyescas.

Tanto es así que los cuadros, grabados y dibujos de Goya se podrían reconstruir en casi su totalidad con figuras vivientes. Y algunos de ellos resultarían más fuertes todavía que los originales, más asombrosos, produciendo en el espectador avisado una de esas inolvidables impresiones del genial artista, que casi son empujones, porque tumban de espaldas. No sólo no ha muerto lo goyesco en España, sino que pocas veces, ni en vida mismo de Goya, se pudo apreciar con tal relieve como ahora. Con enfocar debidamente —con mirada goyesca, claro está— la realidad circundante se descubre un Goya que nadie ha visto todavía, pero que es fácil de ver. Un Goya triplemente valioso: porque es inédito; porque se ofrece vivo, no en tela, sino en carne y hueso; y porque, desgraciadamente, este no podrá nunca figurar en los museos para admiración de las generaciones futuras.

Antoni Gaudí*

Ese anciano ensimismado, que a veces parecía una arcaica figura de los siglos XII o XIII, reviviendo milagrosamente en el XX, y otras veces semejaba un hombre fantástico, de un siglo fabuloso e imaginario; ese arquitecto renombrado, Antonio Gaudí, que acaba de morir en Barcelona, era algo más que un temperamento descomunal: era un espíritu profundamente representativo de su raza. Por esto me interesa encender sobre su tumba cubierta de flores la lámpara votiva de la inteligencia.

¿De dónde venía Gaudí? De ninguna parte. ¿Adónde iba? A ninguna parte. Sus extraños mundos de formas no tienen precedentes, no se enlazan con ninguna tradición, no tendrán sucesores ni podrán dejar escuela. Gaudí es un monolito erguido en mitad de un desierto: las caravanas se llegan a él, lo contemplan con asombro, le dan la vuelta y se alejan. Es tan individual que no sirve de nada.

Desde que existe el mundo, los estilos arquitectónicos han cubierto [...] [4], en el espacio y el tiempo, lentas y mesuradas evoluciones. Quizás ninguna otra de las grandes artes tan anónima como la arquitectura. Sus estilos capitales no pueden atribuirse a individuos determinados. Son obras de masas y generaciones humanas. Nunca se ha visto que en un momento dado y en un espacio concreto surgiese, sin más ni más, espontáneamente o como por mágico influjo, una arquitectura desconocida, original, sin precedentes sociales ni etapas evolutivas. Y esto es lo que se propuso Gaudí: crear una arquitectura nueva, un estilo nunca visto, una técnica revolucionaria, unos procedimientos desconcertantes. Todo por sí mismo, con la sola fuerza de su inspiración, sacándolo de sus propias

* «Ante la tumba de Gaudí. Un meteoro», *El Sol*, 17-VI-1926.

[4] Palabra ilegible en el original. (N. del Compilador)

entrañas como el mango saca del fondo del arenal un palacio encantado. Cualquier otro hombre moderno —un alemán, un francés, un italiano, un castellano— se habría arredrado ante una empresa tamaña. ¿Por qué Gaudí no se arredró?

Cuentan que Clemenceau, que estando de paso en Barcelona, hace ya algunos años, y habiendo salido a dar una vuelta por la ciudad, al ver las fachadas de sus casas nuevas huyó despavorido, gritando: *Mais c'est épouvantable ! Ils sont fous !*

Esta locura que el gran político francés descubrió con espanto en las modernísimas tentativas arquitectónicas de Barcelona no es una locura vulgar y corriente, sino algo específico y muy original, una fase artística de lo que yo llamaría genéricamente «la locura de los catalanes». Unas veces parece megalomanía; otras, exclusivismo; otras, espíritu rebelde; otras, anarquismo instintivo. Pero, en el fondo, todas estas formas no son más que expresiones diversas, en diversos órdenes, de la quinta esencia del individualismo racial.

En literatura, en arte, en política, incluso en la industria y el comercio de Cataluña, la personalidad lo absorbe casi todo, la colectividad es casi nada. En Cataluña se dice que todos los catalanes llevan un rey en el cuerpo. La audacia y la capacidad testaruda de los individuos contrasta con la versatilidad y hasta el apocamiento de las masas. Así como el valor de los hombres suele acrecentarse con el número, en Cataluña diríase que disminuye. Cuantos más son, más débiles y divididos parecen. Ibsen decía que el hombre solo es el más fuerte. En Cataluña se cumple maravillosamente esta ley.

Por esto Cataluña es la tierra de los meteoros. Está materialmente llena de personalidades desmesuradas, libérrimas, acusadísimas, cuyo poder radica en su imponente soledad y cuya tragedia consiste en no poder aunarse y fundirse en una obra social colectiva, en no rendir el máximo de su capacidad más que aisladamente y por caminos de aventuras.

Gaudí ha sido un caso genial de esta predisposición nativa, agravado por el romanticismo. Ante su personalidad se experimenta el extraño desasosiego de constatar un grande e innegable valor, pero que —como decía al principio—

no se sabe de dónde viene ni se ve que vaya a ninguna parte. No nos hallamos ante un planeta de tal o cual magnitud, incluido dentro de un sistema celeste y gravitando armoniosamente, según leyes conocidas y con revoluciones previsibles, en torno de un foco cendal. Se nos aparece y nos desconcierta, por el contrario, como un cometa errante, de maravilloso esplendor, pero que obedece a causas anormales, pasajero y enigmático, sin ninguna relación con la atmósfera cultural que ha venido a iluminar fugazmente.

El cielo de Cataluña, a los ojos de los que pueden contemplarlo y escrutarlo de cerca, está cuajado de fenómenos semejantes; algunos famosos, como el de Gaudí, otros menores, otros pequeñísimos y telescópicos, pero siempre numerosísimos.

•

La materialidad proverbial y el llamado espíritu práctico de los catalanes son una de las más caprichosas leyendas. El desarrollo de la industria y el comercio de Cataluña, que a lo más datan de dos siglos, de la primera mitad del XVIII, han forjado esa creencia, tan extendida en España, de que los catalanes son gente encenagada en el medir y pesar. Es cierto que en Cataluña se trabaja, se gana y se gasta dinero. Pero yo os juro que ese egoísmo (si así puede llamarse, que no lo creo) no es nada comparado con el desinterés, con el despilfarro que en otros órdenes más elevados impera secularmente. Cataluña, que goza fama de materialista, es también, aunque la mayoría lo ignore, una tierra no ya de idealistas, sino de visionarios. Y en los últimos cincuenta años sería muy fácil probar que en ninguna otra parte de España, e incluso en muy pocas del mundo, se ha soñado tanto, tan empedernida, tan desesperadamente como en Cataluña.

Su misma historia, en el período de la plenitud catalanoaragonesa, fue un continuado errar tras las quimeras. Los reyes catalanes estuvieron constantemente vueltos de espaldas a la Península, donde se hallaba la clave de la hegemonía nacional, porque los fascinaban las traidoras sirenas del Mediterráneo, cantando desde Sicilia y desde el fabuloso Oriente. Mientras Castilla iba extendiendo y consolidando en la Península su posición predominante, Cataluña perdía el tiempo en difíciles y pasajeras conquistas lejos del solar tradicional. Jaime I regaló a Castilla el reino de Murcia, y pasa por un gran político. Pedro III se distraía caballerescamente en Francia e Italia mientras iba perdiendo la posibilidad de intervenir en España. Alfonso V se hizo napolitano cuando su conveniencia estaba en hacerse andaluz. Y aquella expedición memorable de los catalanes a Oriente —una de las empresas más fantásticas que hayan realizado los hombres—, después de las batallas inverosímiles, conquistas maravillosas y casamientos románticos, se desvaneció como una perspectiva de las *Mil y una noches* sin dejar rastro. Si se compara objetivamente al Cid con Roger de Flor, aquel resulta un político consumado, un diplomático genial que barrió siempre para dentro; y este, un loco de atar cuyas inútiles proezas se las llevó el viento.

Por eso —y por otras muchas cosas— yo creo firmemente, con plena sinceridad de corazón y con absoluta lucidez de entendimiento, que Cataluña ha sido víctima de sus propios visionarios. Por esto entiendo que los catalanes deberían ya estar escarmentados de tanto meteoro fugaz como cruzó por su cielo. Por esto, en arte, como en literatura, como en política, como en todo, lo monstruosamente individual me hace temblar. Por esto, ante un caso genial como el de Antonio Gaudí, me descubro con el mayor respeto, con el más sentido fervor, pero con un asomo de espanto —como ante una aurora boreal o una erupción volcánica—. Y no puedo menos que murmurar instintivamente mientras me humillo todo lo debido: «¡Haz que no se repita, Señor!».

Pablo Picasso[*]

Cuando en los jóvenes talleres el cubismo estaba haciendo sus mayores estragos, un amigo de Pablo Picasso, más atento a la pureza del gran artista inquieto que a su escandalosa fama, lo dijo un día bruscamente: «¿Pero tú te das cuenta del daño que tus genialidades le hacen a los muchachos que empiezan?». Picasso se quedó sorprendido. Calló un momento, pero sus ojos vivos y escrutadores se revolvían como buscando una respuesta. Y por fin la encontraron. Picasso se encogió de hombros, frunció los labios y exclamó con agudo cinismo: «¡Que se joroben!».

Hace muy pocos días recordaba yo esa anécdota mientras iba subiendo muy despacio por la Milchmarkt, en Núremberg, hacia la vieja casa de Alberto Durero. Serían las nueve de la mañana. Poco antes, al cruzar la bella plaza del mercado central —que parece la decoración para un acto inédito de *Los maestros cantores*—, vi que todavía estaba rebosando verduras frescas y verduleras rubias, bajo un cielo pálido, tachonado de nubes verdegrises, como las hojas de la col, y un sol tan evaporado, tan diluido, que no se sabía si bajaba del espacio, como un vago resplandor, o si subía, como un intenso perfume, de los amarillentos y enormes manojos de apio tierno tendidos en las canastas. Pero en la otra plaza más pequeña, amablemente burguesa, la Müchmarkt, no había más que un delicioso silencio y la estatua, en bronce, de Alberto Durero, que destacaba sobre un fondo de bojes recortados y colgaduras de damascos. Porque este año se cumple el cuarto centenario de su muerte.

Eso que dijo Picasso no lo habría dicho Durero. No podía decirlo. Para convencerse de ello no hay más que pasearse, una de esas mañanas grises del estío

[*] «Notas de viaje. De Durero a Picasso», *El Sol*, 13-VII-1928.

alemán, por la antigua ciudad de Núremberg, que es como el Toledo de la burguesía germánica y que ahora está, más que nunca, saturada del espíritu del gran renacentista. La Dürer Ausstellung, la exposición de sus obras, instalada en el Museo Germánico, es uno de los espectáculos mejores, más sólidos y más asombrosos de que pueda gozarse actualmente en Europa. Las escuelas de Bellas Artes harían muy bien en mandar allí a sus pensionados de este año.

No, eso de que se revienten los jóvenes aprendices, que dijo Picasso, no podía haberlo dicho nunca Alberto Durero, con sus larguísimos años de aprendizaje, el formidable taller de sus días mejores, que fue una verdadera escuela, una fábrica de pequeños pero concienzudos artistas, y el insaciable afán de aprender siempre más el oficio, que le inquietó durante toda su vida. Y no es que Picasso dejase escapar, aquel día que le azuzó bruscamente su amigo, ninguna atrocidad. El cinismo franco del «¡Que se joroben!» encierra una visión descarnada, cruel, si se quiere, pero certera, de la infinita vanidad de los esfuerzos que realiza la inmensa turbamulta de los pretendientes a artista. «Esos a quienes les perjudican mis excentricidades —quería decir Picasso con su exclamación breve y enérgica— me importan un bledo. Si no se le indigesta mi pintura, se les indigestará la de otro. Son gente condenada a comer de limosna. El que tenga verdadera personalidad ya sabrá escaparse de mis garras y volar por su cuenta». Y Picasso tenía razón, en cierto modo. Sólo que esa clase de razón, que es la suya, no era la que profesaba Alberto Durero.

Entre esos dos puentes tan distintos y lejanos uno de otro que son Durero y Picasso ha pasado mucha agua. Y la misteriosa fuerza que empuja la corriente ha producido con su desgaste en el lecho del río profundas modificaciones. Desde Durero hasta Picasso ha venido creciendo cada día más la soledad exterior del artista, mientras paralelamente iba aumentando la popularidad del ingeniero. Un gran artista del quinientos era necesariamente un funcionario público, y las máximas corporaciones colectivas, el Estado, la nobleza, el clero y la burguesía, lo necesitaban y se lo disputaban, lo mismo que en la actualidad sus sucesoras cotizan un buen director general de ferrocarriles o un técnico financiero. Si no se ve claro que algún día se concedió mucha más importancia a los retablos de los altares que a las carreteras, y que una estampa fue más popular que el mayor rotativo de nuestros tiempos, no se comprenderá el fenómeno que vengo diciendo, ni la diferencia radical que separa por fuera —mayor aún que sus divergencias de temperamento— a Durero de Picasso.

En vida del primero, el artista ejercía una función social, respiraba a fondo la atmósfera de su tiempo y se sentía compenetrado con sus ideales y quimeras, sus luchas y afanes. Por eso la organización del trabajo artístico tomaba la forma de una escuela y una hermandad. Con ella se perseguía la obtención de un gremio más, una comunidad de obreros hábiles en un oficio de necesidad pública. Hoy, el artista es un eterno protestante, un rebelde, un enemigo de la convención social. Tiene más de anarquista que de constructor. Y, sobre todo, nace ya ebrio de individualismo en la inmensa soledad de la civilización mecanizada, apuntando no a lo normal, sino a lo extravagante, con el anhelo íntimo de llegar a ser no un oficial excelente que poco a poco se remonta hasta el genio, sino un genio nato que no necesita aprender nada, ni siquiera su oficio.

En la actual exposición del Museo Germánico de Núremberg, lo que más asombra no son los grandes cuadros de Durero, a pesar de aquella *Rosenkranzfest*, cuyo original lo pintó el maestro en Venecia para el Fondaco dei Tedeschi, ni la colección de retratos, de la cual hablaríamos a borbotones cuatro días seguidos, sino la serie de dibujos originales, y muy especialmente las recogidas salas donde se contienen pruebas maravillosas de los grabados en madera y los aguafuertes. Es una verdadera selva de hojas imperecederas. Y es al mismo tiempo la más grande catedral de labor que jamás se haya levantado al santo amor a un oficio. Hay pruebas de esas —hay una, sobre todo una, del *San Jerónimo en su retiro*— ante las cuales un aprendiz de grabador podría caer, sin la menor vergüenza, de rodillas.

El mismo Picasso se lamentaba un día de que ya se ha ido para siempre el arte del grabado en boj. A él no le gustan los ensayos que se han hecho para resucitarlo, especialmente en Francia. «Los únicos que todavía conservan algo del viejo oficio perdido —aseguraba Picasso aquel día—son esos pobres diablos que en las buhardillas de los suburbios de París todavía tallan en madera algunos figurines para los catálogos de los grandes almacenes». ¡Ah, de modo que para algo sirven, en definitiva, incluso los incapaces de remontarse, los más humildes, los que no hacen más que imitar, aquellos a quienes —según otro punto de vista— no les queda más remedio que jorobarse! Estos no tienen personalidad, pero pueden tener oficio. No son los genios, pero son el brasero donde el genio, cuando surge por imprevisible azar, halla el rescoldo suficiente para reavivar la llama. ¿Qué hubiera sido de Durero sin los humildes que le precedieron y acompañaron?

No trato de establecer juicio alguno. Sólo me interesa ver claro el fondo de estas cambiantes y delicadas corrientes. En los tiempos de Durero, la pintura y el grabado eran todavía oficios de acceso normal, porque eran necesidades de interés público. Hoy son, en sus formas más elevadas, puro lujo, hermetismo y excentricidad de una minoría refinada. Lo más serio que le ha pasado a la pintura, desde Durero hasta Picasso, es que se ha ido intelectualizando cada vez más, cuando las facultades esenciales que requiere no son precisamente las que caracterizan la clase de inteligencia propia de los intelectuales.

SE ACABÓ DE IMPRIMIR

EN MADRID

EL 15 DE FEBRERO DE 2024